어린 아들아
너는 이렇게 살아라

어린 아들아
너는 이렇게 살아라

초판 1쇄 발행 | 2019년 10월 05일
초판 2쇄 발행 | 2022년 04월 30일

지은이 | 필립 체스터필드 · 옮긴이 | 이원식 · 그린이 | 김지호

발행인 | 김선희 · 대 표 | 김종대
펴낸곳 | 도서출판 매월당
책임편집 | 박옥훈 · 디자인 | 윤정선 · 마케터 | 양진철 · 김용준

등록번호 | 388-2006-000018호
등록일 | 2005년 4월 7일
주소 | 경기도 부천시 소사구 중동로 71번길 39, 109동 1601호
  (송내동, 뉴서울아파트)
전화 | 032-666-1130 · 팩스 | 032-215-1130

ISBN 979-11-7029-191-6 (73840)

· 잘못된 책은 바꿔드립니다.
· 책값은 뒤표지에 있습니다.

이 도서의 국립중앙도서관 출판시도서목록(CIP)은 서지정보유통지원시스템 홈페이지
(http://seoji.nl.go.kr)와 국가자료공동목록시스템(http://www.nl.go.kr/kolisnet)에서
이용하실 수 있습니다.(CIP제어번호 : CIP2019034019)

생각하는 아이 · 5

어린 아들아 너는 이렇게 살아라

필립 체스터필드 지음
이원식 옮김
김지호 그림

주니어
매일당

머리말

피할 수 없다면 즐겨라

    이 세상의 모든 아버지들이 자녀의 훌륭한 역할 모델인 것은 아닙니다. 다시 말하면 모두 성공한 경우에 속하지는 않는다는 뜻입니다. 무엇이 성공이냐고 반문한다면, 세상에서 흔히 말하는 잣대로밖에는 설명할 수 없을 것입니다. 훌륭한 직업이나 경제적인 부, 사회적 명성을 이룬 사람…….

    하지만 성공이란 꼭 그런 것만은 아닙니다. 가난해도, 저명하지 않아도 멋진 인생을 살고 있는 아버지들도 많습니다. 그들 중에는 자신과 같은 인생을 살기 바라는 아버지도 있을 것이고, 자신과는 다른 인생을 살기 바라는 아버지도 있을 것입니다.

    하지만 성공한 아버지든 그렇지 못한 아버지든 이 세상 모든 아버지들의 자녀에 대한 마음은 한결같습니다. 인생 선배로서 자녀에게 들려주고 싶은 이야기가 바로 그것입니다.

하지만 각박한 현시대에서는 아버지와 자녀들의 깊이 있는 대화를 기대하기란 현실적으로 불가능한 일입니다. 아버지는 아버지대로 힘든 하루를 보내고 지친 모습으로 밤늦게 귀가하여 잠자리에 들기 바쁘고, 자녀들은 학교다 학원이다 하여 자녀들대로 여유 있는 생활은 상상조차 할 수 없게 되었습니다. 한 조사 기관의 발표에 의하면 아버지와 자녀의 대화가 하루 5분 이내인 가정이 대부분이라 하니 얼마나 삭막한 시대에 살고 있는지 말로 설명할 필요조차 없을 것입니다.

이 책은 영국의 정치가이며 저명한 문필가인 필립 체스터필드*Philip Chesterfield*의 명저 《아들에게 보내는 편지 *Letters to His Son*》를 번역한 책입니다. 이 책이 발간되자마자 우리나라뿐 아니라 전 세계적으로 선풍적 반향을 일으킨 이유는, 피부색이 다르고 언어가 달라도 부모가 자녀를 사랑하는 마음은 모두 같다는 것을 보여준 실제 사례이기 때문입니다.

　이 책이 아직도 자녀 교육의 으뜸 지침서로 꼽히는 이유는, 체스터필드가 현시대보다 300여 년 전 사람이라는 점을 감안하더라도 자녀에 대한 부모의 마음을 100퍼센트 이해하고 전하려 했기 때문입니다.

　직접적인 대화가 아니더라도 이 한 권의 책으로 아버지의 마음을 이해할 수 있는 자녀가 되기를 바랍니다. 어깨를 축 늘어뜨리고 늘 지친 모습을 보이는 아버지라 할지라도 그 마음속에는 자녀에 대한 뜨거운 사랑의 불덩이가 타오르고 있음을 이해하기 바라며 이 책을 펴냅니다.

차 례

머리말 피할 수 없다면 즐겨라 004

제1장 최고의 인생을 꿈꾸면 최대의 노력을 기울여라
1. '시간'은 무한한 가능성의 보물 창고다 010
2. 시간은 결코 되돌릴 수 없다 017
3. 노력하는 것만이 최상의 방법이다 026
4. 열심히 놀고, 열심히 공부해라 029
5. 일하기 싫으면 놀지도 마라 036
6. 정신력이 투철하면 불가능이란 없다 041
7. 제대로 돈을 쓰는 지혜를 길러라 046

제2장 스스로 큰 그릇이 되도록 노력해라
1. 아버지로서 당부하고 싶은 것 054
2. 무슨 일이든 관심과 애정이 필요하다 060
3. 자신을 낮추는 자만이 성공할 수 있다 065
4. 그릇된 편견과 거짓을 버려라 068
5. 존경받는 사람이 지녀야 할 덕목 071

제3장 지식은 책이 아닌 세상에서 배우는 것이다
1. 역사에서 우리가 배워야 할 것들 078
2. 역사에서 배우는 교훈 086
3. 올바른 독서법을 익혀라 089
4. 세상에서 배우는 지식이 참지식이다 093
5. 여행은 몸소 체험하는 것 099

제4장 세상을 바로 보는 눈을 길러라

1. 주관적 사고를 가져라 106
2. 정직한 눈으로 세상을 보아라 110
3. 지식은 풍부하게, 마음은 겸허하게 117
4. 학교에서는 우등생, 사회에서는 열등생 122
5. 훌륭한 말솜씨로 상대방을 설득시켜라 129
6. 사회에서 인정받기 위한 말솜씨 135
7. 네 자신에 대해 긍지를 가져라 141

제5장 진정한 우정이란 무엇인가

1. 친구를 보면 그 사람을 알 수 있다 146
2. 어떤 친구를 사귈 것인가 152
3. 사람을 평가할 수 있는 안목을 길러라 157
4. 매사에 감사할 줄 아는 사람이 되어야 한다 163
5. 자신을 소중히 여겨라 167
6. 사소한 배려가 상대방을 감격시킨다 172
7. 진정한 강자란 어떤 사람인가 177

제6장 보다 나은 인격 형성을 위한 나의 제안

1. 사람의 마음을 사로잡는 방법 182
2. 타인의 장점은 곧 나의 장점 187
3. 훌륭한 외모가 가져다주는 이로움 191
4. 호감형 인간이 되어라 198
5. 선善을 행하는 사람의 아름다운 마음 201
6. 선의의 경쟁은 성공의 지름길 212
7. 너를 향한 또 하나의 충고 219

제 1 장

최고의 인생을 꿈꾸면
최대의 노력을 기울여라

1. '시간'은 무한한 가능성의 보물 창고다

시간의 소중함과 그 활용법

사랑하는 아들아! 너에게 꼭 당부하고 싶은 것이 있다. 시간의 소중함과 그것의 활용 방법이다. 그러나 이 진리를 제대로 실천하는 사람은 의외로 많지 않다. 누구나 말로는 시간은 돈이라고 하지만 제대로 시간을 활용하는 사람은 그다지 많지 않다.

허송세월을 하는 사람들조차도 '시간은 돈이다.'라든지 '시간은 번개처럼 순식간이다.'라고 그럴싸하게 말하곤 한다. 사실 시간에 대한 명언은 너무나 많기 때문에 그중에서 한두 가지를 골라 그럴듯하게 말하기란 쉬운 일이다.

이처럼 사람들이 시간에 대해 새로운 인식을 갖기 시작한 것은 유럽 곳곳에 해시계가 등장하면서부터가 아닌가 싶다. 사람들은 매일 해시계를 보면서 시간을 잘 활용하는 일이 얼마나 귀

중한 것인가를 깨닫게 되었고, 한 번 흘러간 시간은 돌이킬 수 없다는 사실 또한 알게 되었을 것이다.

그러나 이런 단순한 교훈도 그것을 이해하는 것으로 끝나면 아무 소용이 없다. 자기 스스로 타인을 이끌 수 있을 정도의 교훈을 체득하고 있지 않다면 시간의 소중함과 그 활용법을 잘 알고 있다고 할 수 없을 것이다.

내가 판단하건대, 너는 시간의 활용법을 잘 알고 있는 것 같아 다행이다. 이는 대단히 중요한 일이며, 그것에 따라 네 인생은 앞으로 하늘과 땅만큼 차이가 날 것이다.

어쨌든 시간에 대해서 더 이상 긴 말은 하지 않겠다. 그러나 꼭 한 가지 명심해야 할 것은 네 긴 인생 중의 한 기간, 다시 말해 앞으로 2년 동안에 지식의 기초를 튼튼히 해 두라는 것을 당부하고 싶다. 이제 곧 너도 성인이 된다. 그 이후의 인생이 네가 마음먹은 대로 되기란 결코 쉬운 일이 아닐 것이다. 무릇 지식이란 성인이 되었을 때, 삶의 안식처이자 피난처가 될 것이다.

모든 것은 지나갈 것이다

　사랑하는 아들아! 나는 정년퇴직을 한 후에도 책과 벗하며 살고 싶다. 지금 내가 그 어떤 방해도 없이 독서의 즐거움에 빠져들 수 있는 것도, 뒤돌아보면 네 나이 때 열심히 공부한 덕택이라고 생각한다. 그때 조금만 더 열심히 공부했더라면, 지금의 이 즐거움은 배가 되었을 것이다. 여하튼 이제 나는 세상의 모든 번잡한 일을 잊고 독서에서 평온을 찾을 수 있게 되었다.

　어릴 때부터 어느 정도 지식을 축적해 두는 것은 참으로 멋진 일이라고 말하고 싶다. 그렇다고 놀며 보냈던 시간이 헛된 시간이었다는 의미는 결코 아니다. 노는 것 또한 인생에 멋과 낭만을 더해 주는 것이다.

　다행히도 나는 놀이에도 남들 못지않게 심취해 있었다. 그러므로 어렸을 때 마음껏 논다는 것이 어떤 것인지 잘 알고 있고, 후회도 없다. 또 그러한 것에 대해 시간을 헛되이 보냈다는 생각을 한 적도 없다. 실제로 어떤 일에 직접 뛰어들지 않고 구경만 하는 사람은 그 일이 굉장할 것 같아 동경하는 법이다. 사실 굉장한 일이 아닌데도 말이다. 무슨 일이든 부딪쳐 보지 않고서는 그 실체를 모르는 법이다.

앞에서 말했듯이 나는 놀이에도 심취해 있어서 주변 사람들이 놀라 탄성을 지르기도 하고, 염려의 눈빛을 보내기도 했다. 그래도 후회보다는 좋은 경험이었다고 생각하고 있다. 그렇지만 지금 내가 후회하고, 또 앞으로 그 일이 회한悔恨(뉘우치고 한탄함)이 되리라고 여겨지는 것이 꼭 한 가지 있다. 그것은 젊었을 때 그 어떤 의미도 둘 수 없는 일로 나태하게 허비해 버린 시간이다.

사랑하는 아들아! 네가 앞으로 18세가 될 때까지의 시간은 너의 인생에 있어 가장 중요한 시기이다. 아버지로서, 또 인생 선배로서 너에게 이 시기를 부디 보람 있게 보내라고 당부하고 싶다. 지금의 이 시기를 네가 아무런 보람 없이 흘러 보낸다면, 그만큼 너의 지식의 깊이는 얕아질 것이요, 인격을 형성하는 데에도 많은 손실이 따를 것이다.

반대로 네가 정말 보람 있고 알차게 시간을 보낸다면, 그 시간들은 깊이에 깊이를 더하여 크나큰 이익으로 되돌아올 것이다. 앞으로 너는 학문의 기초를 굳건히 해 두어야 한다. 일단 기초를 튼튼히 다져놓으면, 네가 원하는 만큼의 지식은 언제든지 그 위에 탑처럼 쌓아갈 수 있다. 그러나 때를 놓치고 나중에 학문의 기반을 다지려고 한다면, 이미 때는 늦은 경우가 많다.

네 나이 때부터 인생의 기반을 다져놓지 않으면, 성인이 되어

서 매력 없는 사람이 되어버린다. 그러므로 네 인생에 있어 지금의 이 시기야말로 유일한 면학의 시기이고, 또 아무런 장애 없이 마음껏 지식을 습득할 수 있는 때이다.

사실 나도 책상 앞에 앉아 있는 것이 고역(몹시 힘들고 고되어 견디기 어려운 일)일 때가 많았다. 그럴 때엔 '인생에 있어서 누구나 한 번은 거쳐야 하는 관문이다. 내가 한 시간 더 노력하면 그만큼 빨리 이러한 구속으로부터 해방되어 자유로워진다.' 라고 생각해라.

사랑하는 아들아! 모든 것은 지나갈 것이고, 그것은 나중에 소중한 자산이 된다. 얼마나 빨리 자유를 쟁취하느냐는 오로지 시간을 어떻게 활용하는가에 달려 있다.

2. 시간은 결코 되돌릴 수 없다

1분을 비웃는 자는 1분 때문에 운다

사랑하는 아들아! 돈이나 재물을 지혜롭게 사용하는 사람은 그리 많지 않다. 그리고 시간을 지혜롭게 활용할 줄 아는 사람은 더욱 적다. 그것은 돈이나 재물을 지혜롭게 쓰는 일보다 훨씬 더 중요하다. 나는 네가 돈이나 재물은 물론 시간까지도 모두 지혜롭게 쓸 줄 아는 사람이 되기를 바란다.

어린 시절에는 시간에 대한 아쉬움을 별로 느끼지 못해 허비해도 괜찮다고 생각하기 쉽다. 그러나 시간을 허비하는 일은 막대한 재산을 탕진하는 것과 똑같기 때문에 뒤늦게 그것을 깨달았을 때는 이미 허비한 시간을 다시 되돌릴 수가 없다.

윌리엄 3세, 앤 여왕, 조지1세 때에 재무대신을 지냈던 라운즈는 생전에 '1펜스를 비웃는 자는 1펜스에 운다.' 라는 명언을 남겼다. 그는 자신의 말을 그대로 실천하여 손자에게 막대한 유산을 남겼다. 이 말을 시간에 적용하면 '오늘의 1분을 비웃는 자는 내일 1분에 운다.'라는 말이 된다. 그러므로 아주 짧은 시간이라도 소홀히 여겨서는 안 된다. 1분이든지 15분이든지 그 시간을 소홀히 하면 하루에도 많은 시간을 낭비하는 결과를 초래하며, 그것이 1년간 지속되면 엄청난 양의 시간이 되는 것이다.

자투리 시간을 잘 활용해라

사랑하는 아들아! 어느 날 네가 12시에 누구와 만나기로 약속을 했다고 가정하자. 그날 너는 11시에 집을 나서서 약속 시간인 12시 전에 다른 두세 사람의 집을 방문할 계획을 세웠는데, 그들 중 한 사람이 부재중이라면 어떻게 하겠느냐? 찻집에라도 들어가 12시까지 기다리겠느냐?

만약 내가 그러한 경우에 처했다면 나는 일단 집으로 돌아와서 그 사람에게 편지를 쓰겠다. 그러면 12시에 약속 장소로 가면서 그 편지를 부칠 수 있기 때문이다. 편지를 쓴 뒤에도 시간이 남으면 책을 읽어야겠지. 이때에는 시간이 많지 않기 때문에 이해하기가 어려운 책은 적합하지 않다. 시집詩集같이 짧고 지적이며 흥미로운 책이 좋을 것이다. 이렇게 시간을 현명하게 활용하면 시간이 그만큼 절약됨은 물론 여가 시간이 따분하지 않을 것이다.

사랑하는 아들아! 세상에는 쓸데없는 것에 시간을 쏟는 사람이 많다. 그들은 안락의자에 앉아 하품만 해대며 '뭔가 시작하기엔 시간이 모자라…….'라고 말한다. 그러나 막상 시간이 나더라도 이런 사람들은 아무런 일도 하지 않는다. 결국 하릴없이 시간만을 허비하고 마는데, 실로 안타까운 일이다. 이들은 결국 인생에서 패배할 것이다.

한가하게 시간을 보낸다는 것은 네 나이에는 용납되지 않는 일이다. 그런 한가한 시간은 내 나이쯤 되었을 때에야 비로소 허용되는 것이다. 너는 이제 겨우 사회에 첫발을 내딛기 위해 준비하고 있을 뿐이다. 지금 네게 필요한 것은 성실과 인내, 그리고 네 꿈을 실현시키기 위한 행동력인 것이다. 앞으로의 몇 년이 네 인생에 얼마나 큰 의미를 지니고 있는가를 네 스스로 심사숙고하기 바란다. 그렇다면 단 한순간도 소홀히 할 수 없다는 점을 깨닫게 될 것이다.

그렇다고 해서 내가 너에게 온종일 책상에만 매달려 있으라고 말하거나, 그렇게 해주었으면 하고 생각하는 것은 절대 아니다. 다만 무엇인가—공부든 놀이든 간에—를 하고 있다는 사실이 중요하다는 뜻이다. 비록 짧은 순간일지라도 아무것도 하지

않고 보낸다면, 그 짧은 시간이 모였을 땐 상당한 손실을 가져올 것이다. 예를 들어 하루의 일과 중 공부하는 시간과 노는 시간 사이에 약간의 공백이 있을 때 하품이나 하고 있지 말고 독서를 하라는 것이다. 비록 콩트집이나 내용이 가벼운 책이라도 읽으면, 시간을 그냥 허비하는 것보다는 훨씬 유익하다.

무슨 일이든지 실천하는 습관을 길러라

사랑하는 아들아! 나의 지인 중에는 시간을 헛되이 보내지 않고 아주 지혜롭게 활용하는 사람이 있다. 그는 화장실에 가는 잠깐 동안의 자투리 시간까지도 잘 활용하여 고대 로마 시인의 작품을 모두 독파할 정도였다.

이를테면 호라티우스*Horatius*의 작품을 읽고 싶으면 시집을 사서 화장실에 갈 때마다 가지고 가서 읽는다. 그렇게 몇 번을 하다 보면 그는 따로 시간을 내지 않고서도 호라티우스의 시집을 다 읽게 된다.

그의 이러한 독서법은 상당한 시간을 절약할 수 있다고 생각되지 않느냐? 너도 한 번 시도해 볼 것을 권하고 싶구나. 화장실에 앉아 그냥 시간을 보내는 것보다는 훨씬 좋을 것 같다.

물론 다른 참고서와 병행해서 읽지 않으면 이해하기 어려운 과학서나 그 외에도 다소 주의를 요하는 복잡한 책은 화장실 안에서는 적합하지 않을 것이다. 그러므로 화장실에서의 독서는 가볍게 읽어도 그 의미가 충분히 통하는 책이나 또 그 시간 안에 읽을 수 있는 책을 고르면 좋을 것이다. 비록 짧은 시간이지만 이처럼 효과적으로 활용한다면 먼 훗날 상당한 도움이 된다는 사실을 알게 될 것이다.

그러므로 사소한 시간이라고 해서 흘려보내버리면 나중에 그것을 되찾으려 해도 때는 이미 늦은 것이다. 나는 네가 매우 짧은 시간일지라도 그것을 의미 있게 사용해 주었으면 하고 바란다. 아무것도 하지 않는 사람보다는 무엇이라도 하고 있는 사람이 인생에 성공할 확률이 더 크다.

이러한 실천은 일이나 공부에만 국한되는 것이 아니라 놀이에도 필요하다. 인간은 놀이를 통해서 자라고, 스스로의 역할을 다하는 인간으로 발전한다. 또 놀이는 인간을 자만심이나 가식적인 태도로부터 벗어나게 하여 그 참모습을 가르쳐준다. 다소 우습게 들릴지 모르겠으나 놀 때도 빈둥거리지 말고 열심히 정신을 집중해서 그 놀이에 심취할 수 있어야 한다.

우선 일의 체계와 방법을 세워라

사랑하는 아들아! 나는 어떤 사업이나 일에 있어 일반적으로 사람들이 생각하는 것처럼 남다른 능력이나 특수한 재능이 필요하다고 생각하지 않는다. 일의 체계와 성실함, 그리고 분별력만 제대로 갖춘다면 재능만 있고 체계가 없는 사람보다 훨씬 일

을 잘 처리해 나갈 수 있다고 믿는다. 그러니 너도 빨리 모든 일에 체계를 세워 추진해 나가는 습관을 길러야 한다. 그것이야말로 일을 빠르고 능률적으로 완성시키는 비결이다.

글을 쓰거나 책을 읽거나 또는 시간표를 짜는 일 등 모든 일에 순서를 정해라. 그러면 네가 상상하는 것 이상으로 시간이 절약되고 능률이 향상되는 것을 경험할 것이다. 말버러*Marlborough* 공작은 단 1초의 시간도 함부로 허비하지 않았기 때문에 남들과 똑같이 주어진 1시간 동안에 다른 사람의 몇 배나 되는 일을 할 수 있었다.

그와 반대로 영국의 장군이었던 뉴캐슬*Newcastle* 공작은 모든 일에 질서와 체계가 없었기 때문에 패전의 고배를 마신 뒤 쓸쓸히 망명의 길을 떠나야만 했던 것이다. 또한 영국 수상을 지낸 로버트 월폴*Robert Walpole*은 다른 사람보다 10배나 더 많이 일을 했지만, 정해진 체계에 따라 일을 했기 때문에 단 한 번도 당황하는 모습을 보인 적이 없었다.

아무리 재능이 출중한 인물이라 해도 체계 없이 일을 하면 머릿속이 혼란해져 도중에 포기하고 만다.

사랑하는 아들아! 내가 볼 때 너는 조금 게으른 편이다. 그러니 이제부터라도 성실해지기 바란다. 자기 자신을 잘 조절해서 우선 2주일 정도라도 좋으니 일하는 방법과 체계를 세울 것을 권한다. 그렇게 하다 보면 체계를 미리 세워놓고 하는 일이 얼마나 편리하고 능률적인가를 알게 될 것이다. 그것이 몸에 익으면 그 다음부터는 일의 체계를 세우지 않고는 아무런 일도 할 수 없게 될 것이다.

3. 노력하는 것만이 최상의 방법이다

절제의 미학

사랑하는 아들아! 절제된 생활만 한다면 네 나이에는 건강에 큰 무리가 없을 것이다. 하지만 두뇌는 그렇지 않다. 특히 네 나이에는 평상시의 절제된 마음가짐—가끔씩 두뇌 휴식을 위한 물리적 운동까지 포함해서—이 필요하다. 현재의 이 몇 분 동안을 어떻게 활용하느냐에 따라 그것은 네 장래의 두뇌 활동에 아주 커다란 영향을 미친다.

또한 건강하고 명민한 두뇌를 유지하기 위해서는 많은 훈련이 필요하다. 물론 어떤 사람은 노력하지 않고도 천재라고 인정을 받는 경우도 있다. 하지만 그런 경우는 극히 드물기 때문에 그것을 기대하는 일은 감나무 아래 누워 감이 떨어지길 바라는 것과 같다. 만약 그러한 천재가 자신의 두뇌에다 노력까지 더한다면 보다 더 명석해질 것은 말할 필요도 없을 것이다.

그러므로 내가 너에게 부탁하고 싶은 것은 더 늦기 전에 지식을 함양하는 데 노력을 기울이라는 것이다. 그렇게 하지 않으면, 너는 출세는 고사하고 평범한 사람이 되기도 힘들 것이다.

사랑하는 아들아! 한번 너의 입장을 생각해 봐라. 너에게는 출세의 밑거름이 될 지위나 재산도 없지 않느냐? 네가 세상으로 나아갈 즈음이면 나는 이미 은퇴한 뒤일 것이다. 그러니 나의 힘을 기대해서도 안 된다. 네 스스로의 힘만이 유일한 성공의 길이 될 것이며, 또 그렇게 되어야 한다.

나는 가끔 사람들이 자기는 뛰어난 인재인데 인정을 받지 못하고, 또 그에 대한 적절한 보상도 받지 못한다는 푸념을 듣는다. 또한 책을 통해서 그러한 이야기는 흔하게 접할 수 있다. 하지만 내 식견으로는 그런 일은 있지도 않고, 있을 수도 없는 일이라고 일침을 가하고 싶다. 훌륭한 사람은 어떠한 역경에도 굴하지 않고 반드시 성공한다는 것이 내가 믿는 유일한 신념이다.

겸손함이 주는 매력

사랑하는 아들아! '뛰어난 사람'이란 지식과 견식(견문과 학식)이 뛰어남에도 불구하고 겸손함을 지닌 사람을 말한다. 견식이 얼마나 중요한 것인가는 굳이 말할 필요도 없지만, 결론부터 말하자면 견식을 갖추지 못한 사람은 외로운 인생을 살게 된다. 지식에 대해서도 자주 말했지만 자기 자신이 무엇을 목표로 삼았든지 간에 그것이 몸에 자연스럽게 배이도록 노력하지 않으면 안 된다.

겸손함은 앞서 말한 지식이나 견식에 비해 대수롭지 않게 여길지도 모르지만 '뛰어난 사람'이 되기 위해서는 결코 빼놓을 수 없는 요소다. 그 사람의 태도에 따라서 지식이나 견식이 빛나기도 하고 흐려지기도 한다. 또한 사람의 마음을 가장 매료시키는 것은 지식이나 견식보다 바로 그 사람의 겸손함이다.

사랑하는 아들아! 힘든 일이 있을 때마다 내가 보낸 편지에 부디 진지하게 귀를 기울여주기 바란다. 그것은 나의 오랜 경험의 산물이자 스스로 겪으면서 체득한, 소중한 지혜의 결집이다. 무엇보다 너에 대한 내 애정의 증거로서 나는 네가 아닌 다른 어떤 사람에게도 아직까지 그러한 조언을 한 적이 없다.

어쩌면 너는 아직 내가 너의 장래를 걱정하고 있는 마음의 절반도 이해하지 못하고 있는지도 모른다. 지금 너는 나의 충고가 네게 어떤 도움이 되는지 잘 모르겠지만, 내가 하는 말에 조금만 귀를 기울인다면 머지않은 장래에 나의 충고가 결코 헛된 것만은 아니었다는 사실을 깨닫게 될 것이다.

4. 열심히 놀고, 열심히 공부해라

나는 너의 진정한 친구이고 싶다

사랑하는 아들아! 우리의 인생에서 놀이와 오락은 모든 사람들이 한 번쯤은 부딪쳐야 할 암초와 같은 것은 아닐까? 돛단배에 순풍을 가득 받아 '즐거움의 바다'로 출항한 것까지는 좋았지만 막상 정신을 차려보니 방향을 확인할 수 있는 나침반이나 목적지를 향해 키를 조절할 수 있는 지식조차 없다면 어떻게 할까? 그렇다면 진정한 즐거움에 이르지도 못하고 도중에 불명예스런 상처만 입을 것이다. 또한 처음 출항했던 항구로 기진맥진해서 귀항하는 수밖에 없을 것이다.

이런 얘기를 하니 마치 내가 즐거움을 금하라는 금욕주의자나 쾌락에 빠지지 말라고 설교하는 것처럼 비칠 것 같구나. 하지만 나는 그 반대로 쾌락주의자에 더 가깝고, 네게 즐기고 싶은 대로 마음껏 즐기라고 권하고 싶다. 이 말은 진심이다. 네가

원 없이 즐기기를 바란다. 다만 나는 네가 잘못된 길에 빠지지 않도록 네 항로를 수정해 줄 뿐이다.

사랑하는 아들아! 너는 어떤 일에서 즐거움을 느끼느냐? 친한 친구와 큰돈을 걸지 않고 하는 가벼운 카드놀이나 유머 있고 품위 있는 사람들과의 즐거운 저녁 식사를 하며 지식이 풍부한 사람들과 의미 있는 대화를 나누려고 노력하느냐? 나를 네 친구로 생각하고 아무런 거리낌 없이 말해 주기를 바란다. 나는 네가 즐겨하는 놀이에 일일이 간섭하고 싶지 않다. 그보다는 네 인생의 항로를 잡아주는 길라잡이로서의 역할을 하고 싶다.

부끄러운 나의 경험담

사랑하는 아들아! 아버지로서 숨기고 싶은 부끄러운 이야기지만, 너에게 도움이 될 것 같아 나의 경험을 말하겠다. 젊은 시절의 나도 예외는 아니어서 한때는 나의 진심과 관계없이 '놀기 좋아하는 한량'으로 비쳐지기를 바랐던 어리석은 때가 있었다.

그래서 좋아하지 않은 술도 '놀기 좋아하는 한량'으로 보이기 위해 취할 때까지 마셨고, 또 다음날 숙취에서 깨어나지도 않은 상태로 다시 술을 마셔대는 생활을 오랫동안 반복했었다. 도박

또한 마찬가지였다. 경제적으로 큰 어려움을 받지 않았으므로 돈 때문에 도박을 한 일은 한 번도 없었지만, 그것이 신사의 필수 요건이라는 생각에서 한때 도박에도 빠져들었다.

인생에서 가장 충실했어야 할 30년 동안을—그것도 그다지 좋아하지도 않으면서— 어리석게도 나는 도박에 빠져 지냈다. 그리고 그로 인해 인생의 진정한 즐거움을 경험하지 못하였다. 내가 형식적인 겉치레만을 추구한 것이 새삼 수치스럽게 여겨지는구나.

아무튼 나는 그런 어리석은 행동이 떳떳하지 못함을 느꼈고, 마침내 무서운 생각이 들어 음주와 도박을 일체 중지해 버렸다. 젊은이들이 흔히 빠져들 수 있는 일종의 유행병에 걸려 의미 없는 놀이에 뛰어든 나는 결국 인생의 참된 즐거움을 모두 빼앗기고 말았지. 재산은 줄고 건강 또한 나빠졌다. 나는 지금 그 모든 것이 하늘이 내린 벌이라고 생각한다.

사랑하는 아들아! 나의 어리석은 경험담에서 어떤 교훈을 얻었느냐? 나는 진심으로 네게 바라고 있다. 다른 사람들이 하는 놀이에 아무 생각 없이 그대로 휩쓸려서는 안 된다는 것을. 굳건한 신념이 있으면 부화뇌동附和雷同(줏대 없이 남의 의견에 따라 움직임)에 휘말리지 않는다.

지금 이 순간 네가 즐기고 있는 놀이를 다시 한 번 생각해 보

렴. 그 놀이를 계속하면 앞으로 네가 어떻게 될 것인가를. 그런 후에 그 놀이를 계속할 것인지, 이제 그만 중단할 것인지를 너의 현명함으로 결정해라. 나는 너의 판단을 믿는다.

너만의 놀이를 계발하여 즐겨라

사랑하는 아들아! 만약 지금 내가 네 나이라면 나는 어떤 일을 할까 생각해 보았다. 우선 겉치레로 즐겁게 보이는 놀이가 아닌 마음에서 우러나오는 즐거운 놀이만을 할 것이다.

10대에는 타인의 눈치를 살피면서 살 필요가 없다. 자기방식을 강요하거나 상대방을 비난하여 쓸데없는 미움을 살 필요도 없다. 상대방의 방식은 그대로 내버려두면 된다. 그러나 자신의 건강에 있어서만은 철저하게 조절하고 관리해야 한다.

게임도 가볍게 즐기는 것이라면 무방하다. 많은 돈을 걸지 않고, 여러 분야의 사람들을 만나는 장으로 적응해 나가는 것도 중요한 일이다. 다만 게임에 거는 돈은 이기든 지든 간에 생활에 지장을 초래하지 않는 범위 내에서 신중히 해야 한다. 게임으로 이성을 잃고 싸우는 일은 절대 금물이다.

사랑하는 아들아! 되도록이면 많은 시간을 독서하는 데에 할

애해라. 그리고 될 수 있는 한 너보다 사려 깊고 교양 있는 뛰어난 사람과의 대화도 좋은 일이다. 만약 내가 다시 네 나이로 되돌아가서 인생을 살 수만 있다면, 앞에서 말한 참다운 놀이를 즐기고 싶다. 놀이의 참다움을 아는 이는 술이나 게임 같은 지나친 놀이에 빠져 몸을 망치는 일이 없다. 놀이의 참다움을 모르는 사람만이 그러한 놀이를 진정한 즐거움으로 생각한다.

예를 들어 교양 있는 사람 가운데 술에 몹시 취해 자신의 걸음걸이도 제대로 가누지 못하는 사람과 친구가 되고 싶어 하는 사람이 과연 있겠느냐? 자신도 감당하지 못할 큰돈을 건 도박에서 진 다음, 상대방에게 입에 담기조차 어려운 욕설을 퍼붓는 사람을 다시 상대하고 싶은 사람이 어디 있겠느냐? 그런 사람은 아무도 없다. 방탕한 생활로 인해 분별력을 잃고, 정신없이 행동하는 사람을 교양 있는 사람들이 받아들일 리가 없고, 설령 받아들인다 해도 그것은 어쩔 수 없는 경우일 것이다.

사랑하는 아들아! 참다운 놀이를 알고 있는 사람은 결코 품위를 잃지 않는다. 악행을 거울삼거나 악덕을 본받는 일 또한 없다. 만일 어쩔 수 없이 부덕한 행동을 하게 된다면 상대를 가려 남모르게 할 것이고, 그것을 자랑삼아 뽐내지는 않을 것이다.

5. 일하기 싫으면 놀지도 마라

훌륭한 사람은 놀이를 목적으로 삼지 않는다

   사랑하는 아들아! 참다운 놀이로 인생을 즐긴다는 것은 좋은 일이다. 그러나 자기만의 놀이를 찾아서 마음껏 즐기는 일은 좋지만 섣불리 남의 흉내를 내서는 안 된다. 그럴 때에는 가슴에 손을 얹고 한 번쯤 생각해 보아야 한다. 자신에게 있어 무엇이 진실로 즐거운 일인가를 스스로 물어보고, 그 생각에 따라 행동하면 된다.

   간혹 아무런 생각 없이 놀이에 빠져 지내는 사람을 볼 수 있는데, 그런 사람은 놀이에서 정녕 아무런 기쁨도 누리지 못한다. 진지하게 자신의 일에 몰두하고 거기에서 즐거움을 찾을 수 있는 사람만이 놀이에서도 진정한 기쁨을 느낄 수 있는 것이다.

   그런 의미에서 아테네의 장군이자 정치가인 알키비아데스 *Alkibiades*를 그런 사람으로 꼽을 수 있을 것이다. 그는 뻔뻔스

러울 정도로 방탕했지만, 자신의 철학이나 일에 있어서는 무엇보다도 많은 시간을 할애했다.

카이사르 또한 일과 놀이에 나름대로 적절한 안배를 해서 인생을 능률적으로 산 사람이다. 모든 로마 여성들의 연인으로 불렸던 그였지만 일생 동안 훌륭한 학자로서 지위를 쌓았고, 뛰어난 웅변가이자 로마 제일의 실력 있는 지도자로서의 평판을 받았다. 그러기에 놀고먹는 인생은 옳지 않을 뿐더러 그 어떤 즐거움도 없다. 하루하루 열심히 일하며 사는 사람만이 피곤한 몸과 마음을 놀이로 풀 수 있는 것이다.

돼지처럼 살이 오른 대식가나 늘 술에 젖어 있는 주정뱅이는 자신이 하고 있는 놀이에서 참다운 즐거움을 느끼지 못한다. 이런 사람들은 미신에 빠져 자기의 영육을 탕진하고 있는 것과 다름없다. 지적 수준이 낮은 사람일수록 쾌락에만 탐닉하고 품위 없는 놀이에 빠져 몸과 마음을 망치는 법이다.

그러나 지적 수준이 높은 사람들은, 즉 품위를 지키는 사람들은 보다 자연스럽고 세련되며 품격 있는 놀이를 즐길 것이다. 교양 있고 훌륭한 사람은 놀이가 목적이 되어서는 안 되며, 또한 결코 놀이를 목적으로 삼지 않는다. 그들은 놀이가 잠시 숨을 돌려 편히 쉬는 것이며, 열심히 일한 것에 대한 위로이자 포상이라는 것을 잘 알고 있기 때문이다.

낮에는 책에서 배우고 저녁에는 사람에게서 배워라

 사랑하는 아들아! 일과 놀이는 분명하게 시간을 나누는 것이 좋다. 일이나 공부, 지식인이나 명사와의 대화는 아침 시간이 좋을 것이다. 그리고 저녁 식사 이후에는 휴식 시간을 가지는 것이 좋다. 특별하게 다급한 일이 없는 한 자신이 좋아하는 놀이로 즐거움을 찾는 것도 생활의 활력소가 될 것이다.

 마음 맞은 친구들끼리 카드놀이를 한다든가, 상대방이 절도 있는 사람이라면 즐거운 게임을 하는 것도 좋다. 그런 사람들과 함께라면 설령 실수를 하더라도 싸움으로 번지지는 않는다. 연극 관람이나 음악 감상도 좋다. 춤, 식사, 동료와의 대화도 틀림없이 만족스러운 저녁 시간을 약속할 것이다.

 지금까지 말한 것들이 정말로 분별 있고, 놀이가 무엇인지를 아는 사람이 인생을 즐기는 방법이다. 이처럼 시간을 '낮에는 공부, 저녁은 놀이'로 구분 지어서 생활해 나간다면 너도 훌륭한 사회인으로서 인정을 받게 될 것이다.

 오전에 집중해서 공부를 하면 1년 후에는 상당한 지식이 쌓일 것이다. 그리고 저녁에 이루어지는 친구와의 교제를 통해 또 다른 지식, 즉 세상에 대한 지식을 배우게 될 것이다. 낮에는 책에

서 배우고, 밤에는 사람에게 배운다. 이것을 제대로 실천하려면 한가하게 있을 시간이 없다.

  사랑하는 아들아! 나도 젊었을 때는 참으로 놀기 좋아했고, 여러 부류의 사람들과도 사귀었다. 그런 일에 나만큼 시간과 노력을 투자한 사람도 드물 것이라 생각한다. 때로는 지나치다고 생각될 때도 있었다. 그러나 한 가지, 공부하는 시간만은 어김없이 지켰다. 공부하는 시간이 모자라면 잠자는 시간을 줄였다. 전날 밤 늦게 잠자리에 들었어도 그 다음날 아침에는 반드시 일찍 일어났다. 이것은 병이 났을 때를 제외한 40년 이상을 꼬박 지켜온 나의 오랜 습관이다.

  이것으로 너는 내가 절대로 공부만 하라고 하는 완고한 아버지가 아니라는 사실을 알았으리라 생각한다. 이제껏 내가 너에게 한 말은 아버지로서가 아닌 멘토의 입장에서 조언을 한 것이니 참고하기 바란다.

6. 정신력이 투철하면 불가능이란 없다

한 번에 한 가지 일만 처리해라

  사랑하는 아들아! 며칠 전 하트 씨로부터 네가 모든 면에서 잘하고 있다는 내용의 편지를 받았다. 내가 얼마나 기뻐하며 너를 자랑스럽게 생각하고 있는지 너는 알까? 그러나 만약 당사자인 네가 그 모든 일에 성실함과 기쁨을 느끼지 못한다면 나는 정말 크게 실망할 것이다. 그것은 만족과 그에 대한 자부심이 없다면 네 스스로 면학에 열중할 수 없기 때문이다.

  하트 씨의 말에 따르면 너는 열심히 학업에 임해서 이젠 공부하는 자세도 잡혔고, 또 이해력과 응용력도 향상되었다고 하더구나. 그런 다음에는 그만큼의 즐거움이 따르게 마련이며, 그 즐거움은 네가 노력하면 할수록 훨씬 더 커질 것이다. 늘 내가 너에게 당부하는 말이지만, 무슨 일이든 그 일을 할 때에는 오로지 그 일에만 집중하는 것이 중요하다. 지금 네가 하고 있는 일 이외에는 결코 다른 것을 생각해서는 안 된다.

파티나 회식 자리에서 누군가 기학 문제를 머릿속에 떠올리고 있다고 상상해 보라. 그 사람은 함께 있는 사람에게 불쾌감을 줄 뿐만 아니라 결국 사람들로부터 따돌림을 당하게 될 것이다. 또 수학 수업 도중에 음악 시간에 배운 노래들을 떠올린다면 그 사람은 절대로 훌륭한 수학자가 되지 못할 것이다. 한 번에 한 가지 일만 처리하려 든다면 하루에도 여러 가지 일을 할 수가 있다. 그러나 한 번에 두 가지 일을 동시에 처리하려고 하면 1년이 걸려도 시간이 모자라는 법이다.

법률 고문이었던 위트 씨는 나랏일을 혼자 도맡아했음에도 불구하고 그 일을 빈틈없이 잘 처리했을 뿐만 아니라 저녁 시간의 모임이나 여러 사람과의 만찬에도 빠짐없이 참석했다. 누군가 '도대체 당신은 어떻게 시간을 활용하고 있습니까?'라고 묻자 위트 씨는 '그건 별로 어려운 일이 아닙니다. 한 번에 한 가지씩의 일만 하되, 오늘 할 수 있는 일을 절대 내일로 미루지 않는 것입니다.'라고 대답했다고 한다.

사랑하는 아들아! 다른 일에 정신을 빼앗기지 않고 오로지 한 가지 일에만 정신을 집중할 수 있는 위트 씨의 능력은 과히 높이 평가할 만하지 않느냐? 이렇게 할 수 있다는 것 자체가 스스로를 천재라고 입증하는 것이 아니고 무엇일까? 이와는 반대로 침착하지 못하고 정신력을 한 곳에 집중시키지 못하는 사람은 자신을 보통 사람에 불과하다고 스스로 시인하는 것이 아니고 무엇이겠느냐?

정신력을 최대한 집중시켜라

사랑하는 아들아! 하루 종일 바쁘게 돌아다녔는데도 막상 잠자리에 들어 하루를 돌이켜보면 아무것도 한 것이 없을 때가 많을 것이다. 이것은 하루에 두세 시간 독서를 해도 눈동자만 활자를 보고 있을 뿐 머릿속에는 아무것도 들어가지 않기 때문이다. 그러므로 나중에 무엇을 읽었는지 기억을 더듬어도 그 내용이 생각나지 않아 그 책을 논할 수도 없다.

대화에서도 마찬가지다. 자기 스스로 대화에 적극적으로 참여하려고 하지 않는다면 어떨까? 결국 이야기하고 있는 상대방을 관찰하지도 않고, 대화의 내용을 정확하게 파악하려고도 하지 않게 되지. 그 장소나 대화의 내용과 무관한 것만 생각하는 경우도 있다. 그리고 그 상황을 '지금 잠깐 깜박해서……' 라든지 '다른 일에 정신을 잠깐 쏟고 있어서……' 라는 말로 얼버무리려 한다.

사랑하는 아들아! 당부하건대 다른 사람과 만나서 대화를 할 때에도 공부하고 있을 때와 마찬가지로 정신을 집중시키기 바란다. 공부할 때 책에 주의를 기울이고 그 내용을 잘 새겨두어야 하듯, 사람과 만나서 대화할 때에는 보는 것과 듣는 것에 모두 주의를 기울이는 것이 중요하다. 어리석은 사람들은 흔히 자신의 눈앞에서 나눈 대화나 일어난 일에 대해 집중을 하지 않고 있다가 다른 중요한 일을 생각하느라고 '그만 깜박했습니다……'라는 어쭙잖은 말로 변명을 한다.

다른 일을 생각하려면 무엇 때문에 이곳에 왔단 말인가? 처음부터 올 필요가 없지 않았는가? 사실 이런 사람들은 다른 일을 생각하고 있었던 것이 아니라 머리가 텅 비어 있는 사람들이다. 문제는 이런 부류의 사람들은 놀이나 일, 그 어느 것에도 정신을 집중하지 못하며, 늘 정신이 산만하여 둘 중 그 어느 것에도 능하지 못하다는 것이다.

결국 이런 사람들은 노는 사람과 함께 있으면 자기 자신도 놀고 있다는 착각에 빠지고, 할 일이 있으면 그 자체로 자기 자신은 지금 일하고 있다는 착각에 빠진다. 무슨 일이든지 해야겠다는 결심이 서면 열심히 해야 한다. 애매모호하게 중도에서 그만두려면 차라리 처음부터 하지 않은 것만 못 하다.

자신의 일에 정신력을 집중하는 것이 중요하다. 정확한 판단을 내려라. 무슨 일이든지 일단 그 일을 해야겠다고 마음을 먹었으면 온 정신력을 집중시켜라. 단 한 마디도 빠뜨리지 말고 들을 줄 알아야 한다. 눈앞에서 펼쳐지는 일은 하나도 흘려보내서는 안 된다. 호라티우스의 작품을 읽고 있을 때는 그 내용의 옳고 그름을 생각하면서 읽고, 멋진 표현이나 시의 아름다움에 흠뻑 빠져들도록 해라. 한 작품을 읽으면서 다른 작품을 떠올려서는 안 된다.

사랑하는 아들아! 책을 읽을 때는 다른 사람을 생각해서는 안 되고, 다른 사람과 대화를 할 때는 읽었던 책을 생각하지 말아야 한다.

7. 제대로 돈을 쓰는 지혜를 길러라

현명한 사람은 돈과 시간을 낭비하지 않는다

사랑하는 아들아! 너도 장차 성년이 될 것이므로 앞으로 너에게 송금할 돈에 대해서 설명하겠다. 그러면 너도 내가 송금하는 돈의 액수에 따라 네가 쓰는 용돈에 대한 지출 계획을 세울 수가 있을 것이다. 나는 네가 공부하는 데에 필요한 비용과 사람을 만나는 데 드는 교제 비용에 대해서는 전혀 아끼지 않을 것이다.

학업에 필요한 돈이란 필요한 책을 구입하고, 우수한 선생님에게서 지도받을 수 있는 돈을 말한다. 그중에는 네가 여행지에서 만난 훌륭한 사람들과 교제하는 데 드는 비용, 즉 숙박비와 교통비, 의복비, 가이드 비용 등도 포함될 것이다.

사람과의 교제에 드는 돈이라는 것은 '지적인' 교제에만 해당하는 것이다. 이를테면 불우한 사람들을 위한 자선금이나 신세

를 진 분들에 대한 선물 비용이 그렇다. 교제하는 상대에 따르는 비용, 즉 관람비나 놀이 비용, 가벼운 오락이나 게임에 드는 비용, 그리고 기타 비상금이 그런 용도로 쓰일 것이다.

사랑하는 아들아! 나는 불명예스러운 일로 싸움을 해서 필요한 돈이나, 나태하게 시간을 보내는 데 쓰이는 돈은 절대로 보내주지 않을 작정이다. 현명한 사람은 자신의 명예를 더럽히는 일이나 자신에게 도움이 되지 않는 일에는 절대로 돈을 쓰지 않는다. 그러한 데에 돈을 낭비하는 사람은 어리석기 짝이 없다. 또한 현명한 사람은 돈도 시간과 마찬가지로 절대로 낭비하지 않는다. 단돈 1원이나 단 1분의 시간도 헛되이 쓰지 않으며, 자기 자신이나 다른 사람을 위해서 유익한 것, 지적인 기쁨을 얻을 수 있는 데에만 쓴다.

그러나 슬기롭지 못한 사람은 이와 다르다. 슬기롭지 못한 사람은 필요 없는 일에 돈을 쓰며, 정작 필요한 것에는 돈을 쓰지 않는다. 예를 들면 잡화상에 진열되어 있는 물건들이 그렇다. 담뱃갑이나 패션 시계, 불필요한 액세서리와 같은 아무 짝에도 쓸모없는 물건에 마음이 사로잡히게 되면 걷잡을 수 없는 파국으로 치닫게 된다. 이를 잘 알고 있는 가게 주인이나 종업원은 공모하여 슬기롭지 못한 사람의 주머니를 노리고 달려드는 법이다. 마침내 정신을 차렸을 땐 주변은 온통 쓸모없는 물건으로 가득 차 있을 뿐, 정말 필요한 것이나 안식을 가져다주는 물건은 아무것도 없기 마련이다.

필요한 데만 지출해라

　사랑하는 아들아! 돈이 아무리 많아도 그것을 올바르게 쓰는 방법과 돈에 대한 철학을 모르면 최소한도의 필요한 물건조차도 제대로 사지 못하게 되는 법이다. 그러나 그와 반대로 비록 적은 액수의 돈이라도 나름대로의 돈에 대한 철학이나 올바른 쓰임새를 안다면 최소한의 필요한 것은 충족시킬 수 있다.
　그리고 돈을 지불하는 방법은 가능한 한 현금으로 지불하는 것이 좋으며, 대리인을 통하지 말고 직접 지불하는 것이 좋다. 대리인을 통하면 부득불 수수료와 사례금 같은 것이 지출될 수 있기 때문이다. 어쩔 수 없이 외상을 했을 경우는 반드시 다달이 자신이 직접 지불하는 것이 좋다. 물건을 구입할 때는 값이 싸다는 이유로 불필요한 물건을 사는 일이 없도록 해라. 그것은 절약이 아니다. 오히려 돈을 낭비하는 것이다. 반대로 자기의 자존심을 만족시키기 위해 필요도 없는 값비싼 고가품을 사는 것도 삼가야 한다.

    그리고 자기가 쓴 돈의 대금 명세표를 작성하는 습관을 길러라. 돈의 출납 현황을 파악하고 있으면 결코 파산하는 일이 없다. 그렇다고 자잘한 교통비나 극장 관람 후 남은 자투리 몇 백 원까지 일일이 기록할 필요는 없다. 그것은 시간 낭비일 뿐만 아니라 잉크 값이 아깝다. 그런 자질구레한 일은 돈을 제대로 쓸 줄 모르는 수전노나 하는 짓이다. 이것은 가계뿐만 아니라 다른 모든 일에도 해당되는 말이지만 관심을 둘 가치가 있는 것에만 관심을 두는 일이 중요하다. 쓸데없는 것에는 관심을 기울일 필요조차 없다.

자기 분수에 맞게 소비하는 습관을 길러라

사랑하는 아들아! 현명한 사람은 모든 사물을 있는 그대로 파악한다. 그러나 어리석고 무지한 사람에게는 그것이 불가능하다. 마치 현미경을 통해 보는 것처럼 무엇이든지 크게 보인다. 그러므로 그런 사람에게는 벼룩이 코끼리로 보인다. 작은 것이 크게 확대되어 보일 뿐이라면 그나마 다행이다. 극단적인 경우에는 큰 것이 너무 지나치게 확대되어 아예 보이지 않게 되는 것이다.

많지도 않은 돈에 너무 인색하게 굴다가 그로 인하여 싸움까지 하는 사람이 그 좋은 예다. 정작 그 자신은 자기가 수전노로 불리고 있다는 사실을 깨닫지 못한다. 그는 자기 자신에게도 너무도 인색하여 주변의 가까운 곳에 있는 소중한 것을 보지 못한다. 무슨 일이든지 '자기의 분수에 맞게'라는 말이 있다. 건전하고 확실한 신념을 가진 사람은 스스로 자기 능력의 한계를 알고 있다. 때로 그 경계선이 너무 애매모호할 경우, 분별력이 있는 사람이라면 세심한 주의를 기울여 그 경계선을 어떻게든 찾으려 하지만 인생을 대충대충 사는 사람의 눈에는 그 경계선이 좀처럼 보이지 않는 법이다.

사랑하는 아들아! 나는 네가 네 능력의 한계가 어디까지인지 분명히 알고 있다고 생각한다. 그 능력의 한계선에 항상 주의하기 바란다. 스스로 인생을 책임질 수 있을 때까지는 하트 씨에게 종종 궤도 수정을 요청해라. 실제로 곡마단에서 줄타기를 능숙하게 할 수 있는 사람은 있어도 보이지 않는 경계선이라는 이름의 줄을 능수능란하게 탈 수 있는 사람은 극히 드물다. 그러므로 늘 자기 분수에 맞게 능력을 발휘하는 사람은 역사 속에 찬란한 족적을 남긴다.

제 2 장

스스로 큰 그릇이 되도록 노력해라

1. 아버지로서 당부하고 싶은 것

야망을 가져라

사랑하는 아들아! 나태함에 대해서 너에게 하고 싶은 말이 있다. 너도 알고 있겠지만 자식을 향한 아버지와 어머니의 사랑법은 크게 다르다. 나는 내 자식의 결점을 절대로 그냥 지나치지 않는다. 오히려 결점을 발견하면 그것을 즉시 바로잡아주는 일이 나의 의무이며 특권이라고 생각하고 있다.

또한 내가 결점을 지적하면 그것을 곧바로 개선하려고 애쓰는 것이 자식인 너의 도리라고 생각하는데, 그 점에 대해 너는 어떻게 생각하는지 궁금하구나. 다행히도 지금껏 내가 본 너는 성격이나 재능에서 큰 문제점은 발견되지 않았다. 다만 조금 나태하고 집중력이 떨어지며, 다소 무관심한 경향이 있는 것 같다. 이런 점은 육체적으로나 정신적으로 나약해진 노인이라면 이해가 되지만—인생의 황혼기를 맞이한 노인은 평온한 여생을 바라는 것이 인지상정 人之常情(사람이면 누구나 가지는 보통의 마음)이므로— 네 나이에는 결코 용인될 수 없는 일이다.

사랑하는 아들아! 소년에게는 다른 사람보다 뛰어나고, 다른 사람보다 빛나겠다는 야망이 없으면 안 된다. 로마의 정치가 카이사르 Caesar는 '훌륭한 행동이 아니면 행동이라고 말할 수 없다.' 라고 했다. 너에게는 용솟음치는 활기가 부족한 것 같다. 활기가 넘치는 사람은 주위 사람들을 기쁘게 해주려고 노력하고, 남보다 뛰어나고 빛나겠다는 야망을 품게 된다.

거듭 말하지만 다른 사람에게 존경을 받으려면 그만큼 노력을 해야 한다. 그렇지 않으면 결코 존경받는 사람이 될 수 없다. 이것은 남을 기쁘게 하려는 마음의 배려가 없으면 절대로 남을 기쁘게 할 수 없다는 사실과 같다. 사람은 누구든지 스스로 마음먹은 대로 될 수 있다고 나는 믿는다. 일반적인 지식을 갖춘 사람의 경우, 자신의 능력을 계발하고 정신력을 집중해 열심히 노력만 한다면—시인일 경우 예외이겠지만— 그와 같이 될 수가 있다.

너는 조만간 소용돌이의 물결이 일렁이는 큰 사회의 일원이 될 것이다. 그에 대비해서 지금 네가 해야 할 일은 무엇일까? 그것은 바로 세계 각국의 정치 정세, 국가간 이해관계, 경제, 관습, 역사 등에 대해서 두루 지식을 섭렵하는 일이다. 이런 일은 누구든지 조금만 노력하면 할 수 있는 일이다. 그러므로 그것을 하지 않는 것은 결코 용납할 수 없다. 자기가 해야 할 일을 알면서도 그것을 하지 않는다는 것은 나태함 이외의 아무것도 아니기 때문이다.

성취욕이 없으면 앞서 갈 수 없다

사랑하는 아들아! 나태한 사람은 시작한 일을 끝까지 추진하지 못하고 쉽게 포기한다. 조금만 까다롭거나 귀찮아도―터득하거나 습득할 만한 가치가 있는 것은 항시 어려움이란 복병이 따르게 마련인데도― 중도에서 쉽사리 좌절하고 체념해 버린다. 그 결과 수박 겉핥기에 불과한 지식만을 얻는 데에 만족하고 만다. 이것은 '인내와 노력보다는 차라리 바보나 무지가 낫다.' 라는 생각과 조금도 다를 바 없다.

이런 사람은 모든 일에 있어 '나는 할 수 없다.' 는 부정적 사고를 갖게 된다. 실제로 진지하게 어떤 일에 봉착해서 노력하면 할 수 없는 일이란 거의 없는데도 말이다. 이런 사람들에게 힘든 일이란 곧 불가능한 일이다. 자신의 나태함을 변명하기 위해 그렇게 여기기로 작정한 것에 불과하다.

나태한 사람들에게는 어떤 일에 1시간 이상 정신력을 집중시키는 것조차 힘든 고통이다. 그렇기 때문에 그들은 무슨 일이든지 깊이 생각하지 않고 단순하게 해석하고 만다. 이런 사람은 통찰력과 집중력을 겸한 사람과 대화를 하면 쉽사리 자신의 무지와 나태함이 들통나서 결국 횡설수설하고 만다.

그러므로 처음에 힘들거나 어려운 일에 봉착하더라도 쉽사리 좌절하거나 포기해서는 안 된다. 오히려 한층 더 분발하여 훌륭한 사회의 일원으로서 누구나 알고 있어야 할 지식을 터득해야겠다는 결의를 더욱 굳게 다져야 한다.

전문 지식 외에도 알아야 할 상식

사랑하는 아들아! 우리가 배우는 지식 중에는 전문 직업에 종사하는 사람에게만 필요하고 그 밖의 다른 사람에게는 불필요한 것도 있다. 예를 들어 항해학航海學 같은 전문 지식은 그 분야를 공부하는 사람 외에는 평상시 대화에서 적당히 받아넘길 수 있는 기본 상식만으로 충분할 것이다.

하지만 대부분의 사람들이 알고 있는 분야는 상세하게 알아두어야 한다. 어학, 지리, 역사, 철학, 수사학, 논리학 등이 그것

이다. 이 광범위한 지식을 자신의 것으로 소화하기란 그리 쉬운 일이 아니다. 거기에는 많은 노력이 따라야 한다. 그러나 하나하나 꾸준히 공부해 나가다 보면 그다지 불가능한 일도 아니다. 또한 그러한 노력은 너의 장래를 한층 빛나게 만들 것이다.

거듭 당부하지만 너는 무지한 사람들이 흔히 말하는 '나는 할 수 없다.'라는 말을 쓰지 않기 바라며, 또한 그러지 않으리라 믿는다. 육체적으로든 정신적으로든 '할 수 없는' 일이란 없다. '한 가지 일에 오랫동안 집중할 수 없다.'라고 말하는 것은 결국 '나는 바보입니다. 혹은 나는 게으름뱅이입니다.'라고 말하는 것과 다를 바 없다. 다른 사람들이 해낼 수 있는 일을 '나는 할 수 없다.'라고 생각하는 것은 정말 어리석고 부끄러운 일이 아닐까?

2. 무슨 일이든 관심과 애정이 필요하다

사소한 것의 가치

　사랑하는 아들아! 세상에는 별로 중요하지도 않은 일에 집착하는 사람들이 있다. 그들은 정말 무엇이 중요하고, 무엇이 중요하지 않은지 구분할 줄 모르기 때문이다. 그래서 막상 중요한 일에 들여야 할 시간과 노력을 대수롭지 않은 일에 쏟는 경우가 많다. 이런 사람들은 다른 사람과의 대화에서도 상대방의 옷차림에만 신경을 쓰느라 정작 상대방의 인격은 보지 못한다. 연극을 관람하면서도 연극의 내용보다는 무대 장식에 더 깊은 관심을 둔다. 이렇게 되면 발전이란 없다.

　이와는 반대로 대수롭지 않은 일이라 해도 다른 사람에게 호감을 받고 즐거움을 줄 수 있는 것이 있다. 훌륭한 사람이 되기 위해서 지식과 견식을 넓히고, 예의 바른 태도를 몸에 익히기 위해 노력하듯이 사소한 일에도 관심을 기울이고 그것이 몸에

배도록 노력해야 한다. 조금이라도 가치가 있는 일이라면 그것을 소홀히 여기지 말고 그 일에 관심과 애정을 가지라고 네게 당부하고 싶다. 예를 들어 춤이나 옷차림 같은 일상의 사소한 것까지도 말이다.

사랑하는 아들아! 춤은 사람에게 꼭 필요한 것이다. 그러므로 춤을 배울 때는 아무렇게나 배우기보다는 격식과 예의를 갖추고 제대로 배우길 바란다. 옷차림도 마찬가지다. 사람은 누구나 옷을 입는다. 그러니 언제나 단정하고 깨끗한 옷차림이 되도록 신경 써야 하는 것이 당연하지 않을까?

집중력을 길러라

사랑하는 아들아! 대체로 주의가 산만한 사람은 머리가 좀 모자라거나 집중력이 떨어지는 사람이다. 이런 사람과 자리를 함께하면 모든 면에서 예절에 어긋난 행동을 하기 때문에 매우 불쾌해진다. 예를 들면 어제까지 잘 대해 주었던 사람에게 오늘은 돌연 냉정해지거나 여러 사람과의 대화에서도 그 속에 참여하지 않다가 갑자기 자기 멋대로 이야기의 화제를 바꿔 대화에 끼어드는 경우다.

이런 행동은 정신력의 집중이 부족하다는 증거다. 혹은 다른 어떤 중요한 일에 정신을 쏟고 있다고 생각할 수밖에 없다. 영국의 물리학자 뉴턴Newton을 비롯한 창세기 이래 지금까지 존재했던 천재들에게는 주변에 많은 사람들이 있어도 혼자 사색에 몰두하는 일이 용인될 수 있었을는지 모르지만, 보통 사람이 그러한 행동을 한다면 결국 그 사람의 사회생활은 끝장나고 만다. 당장 보통 사람 속에 낀 바보가 되고, 마침내 주위의 동료들로부터도 고립되고 말 것이다.

이처럼 주의가 산만하고 예의가 바르지 못한 사람과 함께한다는 것은 그만큼 불쾌한 일이다. 그것은 자신을 제외한 모든

상대방을 무시하는 행동이기 때문이다. 어떤 한 사람이 다른 사람을 무시한다는 것은 결코 용서될 수 없는 일이다.

사랑하는 아들아! 생각해 보렴. 존경하고 사랑하는 사람을 바로 앞에 두고 어떻게 정신이 산만해질 수 있겠느냐. 설령 그렇지 못하다 해도 주목할 만한 가치는 있는 법이다.

솔직한 내 의견을 말하면, 정신이 산만한 사람과 함께 있느니 차라리 송장 옆에 있는 편이 낫다. 적어도 송장은 나를 무시하지는 않는다. 그런데 정신이 산만한 사람은 나에게 일말의 관심조차 없음을 무의식중에 얘기하고 있는 것과 마찬가지다.

정신이 산만한 사람이 함께 자리를 한 사람의 인격이나 태도, 그리고 그가 자란 곳의 풍습 등을 과연 정확히 표현할 수 있을까? 절대로 그렇지 않다.

정신이 산만한 사람이 어쩌다 훌륭한 사람들의 보호 속에서 일생을 보낸다 하더라도 그가 얻을 수 있는 것은 하나도 없을 것이다. 또한 지금 하고 있는 일이나 앞으로 해야 할 일에 대해서도 정신력을 집중시키지 못하는 사람은 결코 훌륭한 일을 할 수 없음은 물론 좋은 친구도 되지 못한다.

3. 자신을 낮추는 자만이 성공할 수 있다

무관심은 죄악이다

사랑하는 아들아! 내가 볼 때 너는 주위 사람들에 대한 주의력이 다소 부족한 것 같다. 그것은 달리 보자면 네가 그 사람들을 무시하고 있다는 증거일 수도 있다. 상대방에게 무시당하고 좋아할 사람은 단 한 사람도 없다. 물론 이 세상에는 여러 부류의 사람들이 있으며, 그들 중에는 어리석고 예의 바르지 못한 사람도 있다. 나는 그러한 사람을 존경하라고 강요하지는 않지만, 그렇다고 그들을 무시해서도 안 된다.

만약 대놓고 그들을 무시한다면 너를 지지하는 한 사람을 잃게 되므로 그만큼 네 인생에 타격을 받게 된다. 물론 어떤 부류의 사람을 싫어하는 것은 자유겠지만, 그런 마음을 상대방에게 표출시킬 필요까지는 없다. 그것은 비굴한 행동이 아니라 오히려 현명한 태도라고 나는 생각한다.

어리석고 예의 바르지 못한 사람일지라도 살다 보면 언제 어느 때에 네게 힘이 되어줄지 아무도 단정할 수 없기 때문이다. 만약 그런 일이 일어날 경우, 네가 단 한 번이라도 그를 대놓고 무시한 적이 있다면 그는 너를 도와주지 않을 것이다.

악행은 때로 용서받는 경우도 있지만, 상대방을 모욕하는 것은 결코 용서받지 못한다. 누구에게나 자존심이 있기 때문에 상대방에게 무시당한 일은 결코 잊지 못하는 법이다.

사랑하는 아들아! 어떤 사람에게 무시를 당한다는 것은, 때로 자신이 저지른 범죄 이상으로 감추고 싶은 자신의 치부를 드러내는 일과 같다. 이것은 오래 남는 상처다. 자신이 저지른 잘못을 친구에게 고백하는 사람은 있을지라도 자신의 약점이나 결함까지 털어놓는 사람은 없는 법이다.

마찬가지로 잘못을 지적해 주는 친구는 있지만, 어리석음까지도 직선적으로 말하는 사람은 없을 것이다. 그것은 자기 스스로 고백하는 것이든 상대방으로부터 지적당하는 것이든 둘 다 자존심이 크게 손상되는 것이기 때문이다. 누구에게든 상대방으로부터 모욕을 당하면 분노할 정도의 자존심은 있다. 그러므로 인생의 적을 만들고 싶지 않거든 아무리 상대하기 싫은 사람일지라도 드러내놓고 무시해서는 안 된다.

말 한 마디로 천 냥 빚을 갚는다

　사랑하는 아들아! 자신의 우월감을 위해 다른 사람의 약점이나 결함을 폭로해서 상대를 웃음거리로 만드는 사람들을 가끔 본다. 그러나 너는 절대로 그런 비겁한 짓을 해서는 안 된다.
　때로 다른 사람의 약점이나 결함을 이야깃거리로 삼아서 주위 사람들을 웃길 수는 있다. 그러나 그런 사소한 일로 인해 너는 평생의 적을 한 사람 만들게 되는 것이다. 더불어 그때 함께 웃었던 친구들도 나중에는 그 일을 자신과 연관시켜 생각하면서 오히려 너를 경계하게 될 것이 틀림없다. 결국 함께 웃었던 친구들까지도 너를 싫어하게 될 것이다.
　뿐만 아니라 그런 행동은 자신의 품위를 실추시킨다. 심성이 고운 사람은 다른 사람의 약점이나 불행을 감추어줄지언정 그것을 들춰내어 웃음거리로 삼지는 않는다. 사람들을 즐겁고 기쁘게 하기 위해 네가 지닌 재치나 유머 감각을 십분 발휘해라.

4. 그릇된 편견과 거짓을 버려라

삶의 옳고 그름은 창조주만이 평가한다

　사랑하는 아들아! 네가 보낸 편지 잘 받아 보았다. 로마 가톨릭교회에 대해서 네가 지어낸 이야기를 듣고 그 이야기에 맹신하는 신도들을 보고 놀란 너의 기분은 충분히 이해하겠다.

　그러나 비록 잘못된 생각이라 해도 상대가 진실하게 믿고 있다면 결코 그 믿음을 비웃거나 힐난해서는 안 된다. 물론 사물에 대한 분별력이 흐려져 그 실체를 바로 보지 못하는 사람은 불쌍하다. 그는 웃음거리가 될 만한 행동을 했거나 힐난 받을 만한 일을 저질러서 그렇게 된 것은 아니다. 그러므로 그러한 사람을 대할 때는 친절한 마음과 대화를 통해 올바른 길로 인도해야 한다는 마음가짐이 중요하다.

　누구든지 자신의 생각에 따라 행동하는 법이므로 그러한 주체의식을 가져야만 한다. 다른 사람의 생각을 무시하고 무조건 자신에게 맞추려는 사람은 상대방의 체형과 체질 또한 자기와 같아야 한다고 억지를 부리는 교만한 사람이다.

인간은 저마다의 삶에 모두 긍정적인 의미를 부여하며 살아가고 있다. 그러므로 진실로 어떤 삶이 옳고 그른가는 오로지 창조주만이 평가할 문제다. 자신의 생각과 다르다는 이유로 남의 의견을 무시하거나 자신이 숭배하는 종교와 다르다고 해서 덮어놓고 이교도 취급을 하며 핍박하는 사람은 무지한 사람이다.

인간은 누구나 자신의 생각에 따라 행동하고, 자신의 믿음에 따라 그 길을 갈 수밖에 없는 생명체다. 책망 받을 이는 오히려 거짓말을 유포시키고 이야기를 꾸며낸 사람이지, 그것을 믿고 따르는 사람이 아니라는 사실을 알아야 한다.

어리석은 사람일수록 거짓말에 능숙하다

사랑하는 아들아! 세상에서 제일 비겁하고 어리석은 사람은 거짓말을 하는 사람이다. 거짓말은 비겁한 마음과 타인을 적대시하는 마음에서 생겨나는데, 거짓말로 목적을 이루는 예는 극히 드물다. 제아무리 감쪽같이 남을 속였다 할지라도 거짓말은 얼마 가지 않아 탄로 나게 마련이다.

예를 들어 남의 행복이나 덕망을 질투한 나머지 거짓말을 해서 얼마 동안은 그 사람에게 상처를 입힐 수는 있지만, 결국 고통에 시달리는 사람은 상대가 아닌 거짓말을 유포한 자신이다.

어떠한 경우에도 진실은 밝혀지기 마련이다. 더욱이 거짓말을 한 사람이 다음에 진실을 말해도 믿는 사람이 없게 될 뿐만 아니라 진실마저도 거짓과 중상으로 간주된다. 이것은 인생에서 커다란 손실이 아닐 수 없다. 또 자신의 언행에 대하여 변명을 늘어놓는다면 얼마 안 가 그는 명예가 실추되고 창피를 당하게 될 것이다. 변명은 거짓말과 다를 바 없기에 그는 남들로부터 가장 저급하고 비열한 인간으로 취급받아 마땅한 것이다.

만일 어쩔 수 없이 그러한 잘못을 범했을 경우에는 정직하게 자신의 잘못을 시인하고 용서를 구하는 것이 최선의 방법이다. 자신의 잘못을 숨기려고 변명이나 거짓말로 얼버무리는 사람은 결코 성공하지 못한다. 자신의 양심이나 명예에 상처를 입지 않고 당당하게 살아가고 싶거든 항상 떳떳하게 행동해야 한다.

사랑하는 아들아! 이 교훈은 네가 이 세상을 다할 때까지 네 마음속에 깊이 새겨두기 바란다. 그렇게 사는 것이 인간의 도리다. 다시 한 번 말하지만 어리석은 사람일수록 거짓말에 능숙한 법이다. 나는 그가 하는 거짓말에 따라 그의 지능 지수를 판단하곤 한다.

5. 존경받는 사람이 지녀야 할 덕목

인간의 사회적 성격과 그 태도

사랑하는 아들아! 인간의 사회적 성격과 그 태도에 관해서 말하고자 한다. 이것은 어느 정도 나이가 들어서도 다시 생각해 볼 만한 가치가 있는 문제다. 특히 너와 같은 아이들에겐 터득하기 힘든 지식이기도 하다. 나는 이러한 삶의 지혜를 가르쳐주는 사람이 별로 없음을 안타깝게 여기고 있다. 모두들 자기가 해야 할 일이 아니라고 여기고 있는 탓일까? 학교 선생님이나 심지어 대학의 교수까지도 자신의 전문 분야만 가르칠 뿐 삶의 지혜에 대해서는 조언을 하지 않는다.

그것은 우리들 부모도 마찬가지다. 가르칠 능력이 없거나 아니면 바쁜 생활 탓인지는 몰라도 자식들에게 삶의 지혜를 일깨워주는 부모는 그리 많지 않다. 어떤 부모들은 사회에 그대로 부딪치는 것이 자식에게 가장 큰 공부라고 말한다. 어떤 의미에서는 이 말이 옳을 수도 있다. 세상은 이론만으로는 설명할 수 없는, 실제로 사회 경험을 통해서만 터득할 수 있는 부분도 있기 때문이다.

그러나 그러한 사회 경험이 없는 너희들이 삶의 미로에 발을 내딛기 전에 먼저 그 길을 걸었던 경험자가 그 약도를 대강이나마 그려준다면 얼마나 커다란 도움이 될까?

위엄 있는 자가 존경받는다

사랑하는 아들아! 아무리 훌륭한 사람이라도 타인으로부터 존경을 받기 위해서는 반드시 어떤 위엄이 있어야 한다. 수다스럽고, 큰 소리로 웃고, 농담을 잘하고, 익살맞은 데다 무턱대고 붙임성 있는 태도를 취하는 사람을 위엄 있다고 말할 수는 없다. 이런 사람은 아무리 지식이 풍부한 인격자라 할지라도 존경받기 힘들 뿐 아니라 업신여김을 받는다. 쾌활한 성격은 좋지만 그런 사람이 타인의 존경을 받은 예는 일찍이 없었다.

무턱대고 붙임성 있는 태도 또한 주위 사람들로부터 '아첨꾼'이나 '꼭두각시'라는 핀잔을 듣기 쉽다. 자기보다 지위나 신분이 낮은 사람에게 붙임성 있는 행동을 하면 상대방은 그것을 오해하여 맞먹으려 하여 아주 곤란해진다.

  농담 또한 마찬가지다. 언제나 농담만 하는 사람은 어릿광대와 조금도 다를 바 없으며, 그것은 다른 사람들이 생각하는 재치와는 근본적으로 다르다. 결국 자기 자신의 고유한 성격이나 태도가 아닌 다른 면으로 다른 사람과 친구가 되었다거나 주목을 받게 된 사람은 절대로 존경을 받지 못하며 오히려 이용만 당할 뿐이다.

  만약 네가 누군가로부터 '저 사람은 노래도 잘하고, 춤도 잘 추며, 게다가 농담도 재미있게 잘하니까 우리 모임에 들이자.' 라고 하는 소리를 들었다고 하자. 이런 말을 들었다고 해서 좋아하면 안 된다. 오히려 비방을 받은 것처럼 불쾌하게 여겨야 한다. 그들은 너를 바보 취급하고 있는 것이며, 최소한의 너에 대한 정당한 평가나 존경조차도 하지 않는다는 뜻이기 때문이다.

  어느 한 가지만을 잘한다는 이유로 어떤 모임에 선택되는 사람은 자신이 지니고 있는 장기 이외에는 그 존재 가치가 없다. 그들은 다른 면에서 그 사람의 장점이나 인격을 평가하려 들지 않을 것이고, 결국 그 사람은 그들에게 이용만 당하고 존경은 받지 못하게 되는 것이다.

위엄 있는 자세란?

사랑하는 아들아! 그렇다면 위엄이 있다는 것은 어떤 것일까? 한 마디로 말하자면 그것은 거만함과는 전혀 다르다. 오히려 그 반대라고 말하는 게 옳을 것이다. 농담이 기지와는 또 다른 것처럼 거만함은 결코 용기가 아니다. 거만함은 사람의 품위를 크게 손상시킨다. 거만한 사람의 자존심은 상대의 분노를 사는 것과 동시에 그 이상으로 사람들로부터 비웃음과 멸시를 당한다.

위엄 있는 자세란 저급한 아부나 무책임한 행동이 아니며, 매사를 무조건 부정하거나 시시콜콜 시비를 가리는 일도 아니다. 자기의 의견을 겸손하고 정확하게 말하되, 다른 사람의 이야기 또한 정중하게 경청하는 자세가 바로 위엄 있는 자세라고 말할 수 있다. 위엄은 사람의 얼굴 표정이나 예의 바른 행동으로 나타나기도 하며, 생동감 있고, 절제된 행동이나 밝고 고상한 마음을 자연스럽게 내보이는 것으로 상대방으로 하여금 위엄을 느끼게 하는 한 방법이다.

반대로 실없는 웃음이나 절제되지 못한 행동은 경솔한 느낌을 준다. 위엄을 얼굴의 표정으로 나타낸다고 하지만 언제나 억압당하고 있는 사람의 몸부림이 결코 용기 있는 행동으로 보이

지 않는 것처럼 악한 마음을 가지고 있는 사람 또한 위엄 있는 사람으로 보이지 않는다.

제 3 장

지식은 책이 아닌 세상에서 배우는 것이다

1. 역사에서 우리가 배워야 할 것들

역사적인 진실에도 한계는 있다

사랑하는 아들아! 프랑스 역사에 대한 너의 고찰은 참으로 훌륭했다. 특히 내가 감탄해 마지않은 것은 네가 책을 읽되 줄거리 파악에만 그치지 않고, 그 내용에 관해서도 깊이 생각을 했다는 사실이다.

책을 읽을 때 자기 나름대로의 판단을 하지 않고 암기에 그치는 사람이 많다. 그런 사람들의 머릿속은 다양한 잡동사니나 불필요한 정보를 쌓아두는 창고에 불과할 뿐 잘 정돈된 방처럼 내가 필요한 지식을 그때그때 꺼내어 활용할 수가 없다. 네가 하고 있는 독서법을 그대로 지속해 주기 바란다. 저자의 이름이나 명성만으로 그 내용을 무조건 받아들이지 말고 내용의 정확성과 저자의 고찰이 과연 합당한 것인가를 정확하게 판단하기 바란다.

하나의 역사적 사실에 대해서는 여러 권의 책을 조사·연구하여 거기에서 얻어진 정보를 종합하고, 거기에다 자신의 의견을 덧붙이는 것이 좋다. 우리가 역사를 공부하는 한계는 내 생각으로는 거기까지라고 생각한다. 유감스럽게도 '역사적인 진실'을 규명한다는 것은 실제로 불가능한 일이다.

역사에 대해 인간은 얼마나 진실한가

사랑하는 아들아! 역사 서적을 읽을 때 역사적인 사건의 동기나 그 원인이 기록되어 있는 경우가 있는데 그것을 아무런 판단 없이 곧이곧대로 믿어서는 안 된다. 그 사건과 연관된 인물의 사고방식이나 이해관계를 추론해 본 다음에 저자의 고찰이 과연 옳은가, 아니면 그 밖의 다른 동기의 가능성은 없는가를 스스로 가늠해 보는 일이 중요하다.

그것이 비록 비굴한 동기이거나 사소한 원인일지라도 이를 간과해서는 안 된다. 왜냐하면 인간이란 복잡 미묘한 모순투성이의 존재이기 때문이다. 따라서 감정은 즉흥적이기 쉽고, 의지는 박약하며, 마음이란 신체의 건강 상태에 의해서 좌우되는 경우가 많다. 말하자면 인간이란 일관성이 없고, 감정의 기복이

변화무쌍하다는 것이다. 아무리 하찮은 사람이라 할지라도 한편에는 훌륭한 부분을 지니고 있게 마련이다. 그러므로 제아무리 쓸모없는 인간이라도 분명히 어딘가에 장점을 갖고 있어서 뜻밖의 훌륭한 일을 해낼 수도 있다는 뜻이다. 그것이 바로 인간의 참모습이다.

그런데 우리들은 역사적인 사건의 원인을 규명할 때 좀 더 높은 곳에서 그 동기를 찾고자 하는 경향이 있다. 그렇지만 진정한 원인이라는 것은, 이를테면 '루터의 종교 개혁이 자신의 금전욕에 대한 좌절이 그 원인이었다는 사실'이라는 정도인지도 모를 일이다.

그럼에도 불구하고 역사학의 대가라고 스스로를 내세우는 사람들은 역사적인 대사건뿐만 아니라 아주 사소한 사건에까지 깊은 정치적인 동기를 적용시키려 든다. 이것은 참으로 가소로운 일이다. 인간은 모순투성이의 존재이기 때문이다.

인간은 언제나 자기가 지니고 있는 우수한 면에 따라서만 그 행동이 좌우되는 것은 아니다. 현명한 인간이 어리석은 행동을 하는 경우도 있고, 그 반대인 경우도 있다. 모순된 감정에 사로잡혀 그날의 건강이나 정신 상태에 따라 변하는 것이 인간인 것이다. 그렇게 불완전한 존재인 인간이 진실과는 거리가 먼 좀 더 높은 곳에서 그 동기를 찾아 역사적인 사건을 규명 짓는 것은 모순이라고 생각한다. 맛있는 음식을 먹고, 상쾌한 수면을 취하고, 날씨가 맑은 날에는 영웅 같던 사람이 그 반대의 경우에는 아주 나약한 겁쟁이로 전락해 버리는 경우도 있다.

그러므로 나는 인간의 행위에 대한 실체는 아무리 규명하려 해도 그것은 어디까지나 추측의 영역을 벗어나기가 힘들다고 생각한다. 단지 어떤 사건이 있다는 사실을 아는 정도가 고작이며, 그것을 아는 것도 나약한 인간의 감상에 불과하다.

로마의 황제 카이사르는 23인의 음모로 살해당했다. 그것은 의심할 여지가 없다. 그러나 이 음모자들의 살해 동기가 표방한 것처럼 진정으로 자유와 로마를 사랑했기 때문이었을까? 이에 대해 어느 누구도 그렇다고 단정 지어 말하기는 어려울 것이다. 사건의 진상이 밝혀진다면 주동자인 브루투스*Brutus*의 카이사르에 대한 개인적인 자존심이나 질투심, 절망이나 원망 같은 다른 여러 가지 요인들도 그 원인에 포함되지 않았을까?

역사는 인간을 가르치는 교과서다

사랑하는 아들아! 회의적인 시각에서 볼 때 역사적 사실 또한 의심스럽게 생각되는 경우가 더러 있다. 적어도 그 사실과 관련된 배경만이라도 회의적인 시각으로 자세히 들여다보면 역사라는 것이 얼마나 신빙성이 희박한 것인가를 쉽사리 알 수 있다.

예를 들어 근래에 일어난 사건에 대해서 몇 사람이 증언을 할 때 과연 그들이 증언하는 사실이 모두 일치하느냐? 그렇지 않을 것이다. 왜냐하면 그들 중에는 사건을 착각하고 있는 사람도 있고, 증언할 때에 느낌이 달라지는 사람도 있으며, 마음이 변하여 왜곡된 증언을 하는 사람도 있을 수 있기 때문이다. 또 증언을 기록하는 속기사도 공평하게 기록하리라는 보장이 없다.

그런 맥락에서 역사학자 또한 공정하게 역사를 기록할지는 의문이다. 자신의 지론을 일관되게 전개해 나가고 싶을 수도 있고, 그 장章을 짧게 결론짓고 싶을지도 모른다. 흥미로운 일은 프랑스 역사책 각 장의 서두에는 반드시 '이것은 진실이다.' 라는 구절이 들어 있다는 것이다. 그러므로 역사책을 읽을 때는 무엇보다 자기 스스로 분석하고 판단하는 능력이 중요하며, 저자의 명성만으로 그 내용을 그대로 옳다고 받아들여서는 안 된다.

그렇다고 역사 공부를 하지 말라고 말하는 것은 아니다. 모든 사람들이 인정하는 역사적 사실이라는 것은 엄연히 존재하며, 세인들의 입에 회자되는 역사책은 반드시 읽어두는 것이 좋다. 예를 들어 여러 학자들이 '카이사르의 망령이 브루투스 앞에 나타났다.' 라고 기록했지만, 사실 나는 그런 이야기를 결코 믿

지 않는다. 그러나 그런 것이 세인들의 화제에 올랐다는 사실조차 모른다는 것은 더 큰 수치다.

그 외에도 역사학자가 그렇게 기록했다는 한 가지 이유만으로 모든 사람이 불신하는 일들을 사실인 것처럼 화제에 올리거나 책에 인용하는 경우도 있다. 그렇게 해서 정착한 것이 이교도 신학이며, 에로스, 제우스, 아폴로 등 고대 그리스 신들도 그런 경우다. 설령 그들이 실존했다 해도 우리들은 그들을 보통 사람과 똑같이 여기고 있다.

사랑하는 아들아! 역사를 보는 시각이 아무리 회의적이라 할지라도 이처럼 널리 알려진 역사적인 사실에 대해서는 공부할 필요가 있다. 오히려 역사는 인간이 살아가는 데에 그 어떤 학문보다도 가장 가치 있는 학문인지도 모른다.

과거의 시각으로 현재를 보지 마라

사랑하는 아들아! '과거에도 그랬으므로 현재에도 그렇다.' 라고 단정 지어 말해서는 안 된다. 과거에 있었던 일을 거울삼아 현재의 문제를 검토하는 것은 좋은 방법이다. 하지만 그렇게 하려면 무엇보다 신중해야 한다. 과거에 있었던 사건의 진상을 아무리 명백하게 규명해도 그 진의를 알기란 쉽지 않다. 그것은 어디까지나 '추측'에 불과할 뿐이며, 더구나 명확한 원인 규명은 훨씬 더 어렵다.

우선 과거의 증언은 현재의 증언에 비해 애매하며 또 시간이 오래될수록 그 신빙성 또한 희박해지는 것이다. 저명한 학자들 중에는 공사公私(공공의 일과 사사로운 일)를 막론하고 그것이 비슷하다는 이유 하나만으로 아무런 검증 없이 과거의 사례를 인용하는 이가 있다. 미처 그들은 생각조차 못했겠지만 일찍이 천지가 창조된 이래로 이 세상에 똑같은 사건이 일어난 적은 한 번도 없었다. 더구나 그러한 역사를 기록한 역사학자 또한 한 사람도 없었다. 그러므로 그에 관한 논쟁 자체가 무의미하다.

과거의 사례를 인용할 때 '옛날 어느 학자가 기록했으므로, 또 어느 시인이 썼으므로'라는 식으로 해서는 안 된다. 모든 사물은 저마다 다르므로 그것을 논할 때에는 개별적으로 논해야 한다. 비슷한 점을 참조하는 것은 좋지만 그것을 판단의 근거로 삼아서는 안 된다.

2. 역사에서 배우는 교훈

역사를 어떻게 공부할 것인가

　사랑하는 아들아! 다시 한 번 강조하지만 역사를 공부하는 것은 매우 중요하다. 세인들에게 널리 알려진 역사적인 사건은 명망 있는 역사학자의 저서를 통해 공부하는 것이 바람직하다. 그 내용의 사실 여부를 떠나서 우선 지식으로 알고 있는 것이 중요하다.

　그렇다면 '과연 역사를 어떻게 공부할 것인가' 하는 것이 문제인데, 너는 어떠한 방법으로 역사를 공부하느냐? 어떤 사람은 시간과 노력을 절약하기 위해 역사적인 대사건만을 중점적으로 공부하고, 나머지는 대충 줄거리만 훑어보는 반면, 전체적으로 역사적 사건을 두루 섭렵하는 사람도 있다.

　그러나 나는 너에게 다른 방법을 권하고 싶다. 먼저 각 나라의 개략적인 역사를 공부하고 대강의 개요를 파악했다고 생각하면 핵심적인 사건, 즉 국가의 정보, 왕위 계승, 정치 체제의 변형 등 중요한 사건들을 가려낸다. 그런 후 그 사건들에 대해 상세하게 기록한 논문집이나 역사책을 집중적으로 파고든다. 그때는 자신의 고찰 능력이 중요하다. 끝으로 역사적인 사건의 원인을 규명해서 그 사건으로 말미암아 어떤 결과가 초래되었는지를 스스로 결론짓는 일이 무엇보다 중요하다.

역사책에서 인생을 배워라

사랑하는 아들아! 프랑스 역사에 대해서는 르장드르가 쓴 아주 쉬운 역사책이 있다. 그 책을 읽으면 프랑스의 역사를 대강은 알게 될 것이다. 그 다음 단계로는 메제레이의 역사책이 도움이 될 것이다. 그 밖에도 시대별, 혹은 중요한 사건별로 상세히 기록된 역사책이나 개인의 정치적 관점에서 쓴 논문이 많이 있다.

근대사를 다룬 책으로는 필립 드 코미느의 회고록을 비롯해서 루이 14세 때에 쓴 역사책들이 상당히 많다. 그중에서 네가 적당히 선택해서 읽으면 한 시대와 그와 연관된 사건을 구체적으로 알 수 있을 것이다.

그리고 프랑스에서 여러 계층의 사람들과 만나 대화를 나눌 기회가 네게 주어진다면 역사 이야기를 화제로 삼는 것도 좋은 방법이다. 비록 역사에 대해 잘 모르는 사람일지라도 자기 나라의 역사를 모른다고 이야기하지는 않을 것이며, 아주 사소한 것이라도 알고 있을 것이다. 설령 역사책을 단 한 권만 읽은 사람일지라도—실제로 그런 사람이 의외로 많다— 스스로 역사책을 읽은 것을 자랑으로 여기고 기꺼이 너의 질문에 답해 줄 것이다.

그런 의미에서 프랑스 여성들은 평소에 역사책을 많이 읽고 있으므로 너의 사교 생활에서도 많은 도움이 될 것이다. 현장에서 사람들과의 대화를 통해 습득한 지식은 책에서 배울 수 없는 또 다른 생생한 지식을 제공할 것이다.

3. 올바른 독서법을 익혀라

독서하는 시간을 따로 낼 필요는 없다

사랑하는 아들아! 우리가 속해 있는 사회는 한 권의 책과 같다. 내가 지금 너에게 권하고 싶은 책은 바로 '사회'라는 제목의 책이다. 이 '사회'라는 책에서 네가 얻은 지식은 지금까지 출간된 모든 책 속에 담겨 있는 지식보다 훨씬 큰 도움이 될 것이다. 그러므로 훌륭한 사람들의 모임이 있을 때에는 네가 지금 읽고 있는 책이 아무리 큰 지식을 담고 있다 해도 우선 덮어두고 그곳에 나가는 것이 바람직하다. 그렇게 하는 것이 책에서 얻을 수 있는 지식보다 몇 배나 더 큰 공부가 된다.

우리들은 여러 가지 일과 놀이로 바쁘지만 누구나 하루의 일상 중에 잠시 쉴 수 있는 시간은 있게 마련이다. 그리고 그러한 시간을 활용하여 독서를 한다는 것은 더 없는 안식이자 기쁨인 것이다. 하루 중 얼마 안 되는 시간을 활용해서 어떻게 독서를 할 것인가를 네게 몇 가지 요점을 통해 설명하고자 한다.

  우선 시시하고 내용이 없는 책에 시간을 할애하지 마라. 그러한 책들은 알맹이가 없고, 무식한 저자가 저급한 독자를 염두에 두고 쓰는 경우가 많다. 우리 주위에는 그러한 책들이 무수히 많다. 이런 책은 정신의 독약으로 아무런 쓸모가 없다.

효과적인 독서 방법

  사랑하는 아들아! 한 권의 책을 읽을 때는 목표를 세우고 그 목표를 달성하기 전까지는 다른 책에 눈길을 주지 말고 집중적으로 읽어 나가야 한다. 너의 미래를 염두에 둔다면, 현대사 가운데서도 특히 중요하다고 관심을 끄는 시대를 구분지어 그것을 체계적으로 필독해 나가는 방법이 어떻겠느냐?

  이를테면 네가 베스트팔렌 조약(독일 30년전쟁을 끝마치기 위해 1648에 체결된 평화조약)에 그 초점을 맞추었다면 그와 관련된 책 이외에는 일체 손대지 말고, 정평 있는 역사책이나 회고록, 문서, 문헌 등을 체계적으로 읽고 비교하면 좋을 것이다.

  그러나 독서하는 방법을 연구하기 위해 시간을 소비할 필요는 없다. 색다른 방법으로 자유로운 시간을 유효하게 활용할 수 있다면 그것은 또 그것대로 좋다. 다만 독서의 효과적인 면을 보자면 한꺼번에 여러 가지 테마를 추구하기보다는 하나의 테마로 집약해서 체계적으로 추구해 나가는 것이 보다 능률적이라는 의미다.

여러 종류의 책을 읽다 보면 그 내용이 서로 상반되고 모순점이 발견되는 경우도 있을 것이다. 그럴 때에는 유사한 다른 책을 찾아보면 좋다. 그것은 문제의 핵심을 벗어나는 것이 아니라 오히려 그 내용을 명확하게 파악할 수 있는 방법이다.

예를 들어 어떠한 사실에 대해 독서를 하는데 도무지 머릿속에 들어오지 않는 경우가 있다. 그러나 같은 책이라도 정치인들 사이에 화젯거리가 되거나 논쟁의 대상이 되는 경우가 있다.

그럴 땐 그 책이나 그와 연관된 책을 읽은 연후에 사람들을 통해서 얘기를 듣게 되면 네가 미처 파악하지 못했던 것들이 입체적으로 머릿속에 들어오는 수가 있다. 그렇게 얻어진 지식은 의외로 완벽하여 쉽사리 잊히지 않을 것이다. 그런 뜻에서 사건이 발생한 현장에 네가 직접 가서 현지인들의 이야기를 듣는 것도 좋은 방법이다.

사랑하는 아들아! 네가 사회인이 된 후에 독서를 할 때 유의해야 할 점을 세 가지만 말하겠다.

첫째, 사회에 첫걸음을 내디딘 다음에는 예전처럼 책을 많이 읽을 필요는 없다. 독서보다는 여러 사람들을 만나 대화를 통해 직접 정보를 수집하는 것이 좋다.

둘째, 유익하지 않은 책은 절대로 읽을 필요가 없다.

셋째, 네가 원하는 하나의 독서 테마를 선택해서 그와 관련된 책을 체계적이고 집중적으로 읽어야 한다.

위에 말한 내용대로 독서를 한다면 하루에 30분으로도 충분하다.

4. 세상에서 배우는 지식이 참지식이다

여행의 진정한 목적을 이루는 사람들

사랑하는 아들아! 이 편지를 네가 받아볼 즈음이면 너는 베니스에서 로마로 떠날 채비를 하고 있겠구나. 먼젓번 편지에 하트씨에게도 당부를 했었지만 베니스에서 로마로 가는 아드리아해 海 중간에 로레토, 리미니, 앙코나가 있는데 그곳은 굳이 체재할 정도까지는 아니더라도 한 번 들러볼 가치는 있는 곳이다.

그 근처에는 고대 로마의 훌륭한 유적과 빼어난 건축, 조각, 회화 등이 많이 있으니 어느 것 하나라도 그냥 지나치지 말고 유심히 보고 오너라. 시간은 많이 걸리지 않겠지만 세밀히 살펴보아야 할 것도 있으므로 그 점을 주의하기 바란다.

너희들은 경솔하고 주의력이 부족한 까닭에 무엇이든 흘려보기 십상이다. '눈으로 보아도 보이지 않고, 귀로 들어도 들리지 않는다.'라는 말이 있다. 수박 겉핥기식으로 보거나 우이독경 牛

耳讀經(쇠귀에 경 읽기라는 뜻으로, 아무리 가르치고 일러주어도 알아듣지 못함을 이르는 말)식으로 들을 바엔 차라리 보지도 듣지도 않는 편이 낫지 않을까?

그런 의미에서 네가 보내준 여행기는 꽤 훌륭했다. 너는 여행지를 제대로 관찰하고 있고, 여러 가지 의문점도 가지고 있는 듯하구나. 여행의 목적이란 바로 그런 점이라고 할 수 있다.

여행을 하면서 이곳저곳을 전전하기만 할 뿐 다음 유흥이나 숙소에만 정신이 팔려 있다면, 그 사람은 참다운 여행을 하는 것이 아니다. 정작 여행에서 돌아왔을 때 아무런 소득이 없는 백지의 상태일 뿐이다. 또한 여행지에서 본 교회의 높은 첨탑이나 아름다운 시계, 호화로운 저택 따위 등 겉모양에만 눈치레를 했다면 진정한 여행을 했다고도 할 수 없다. 그런 것을 위해 여행을 떠난다면 차라리 집에 있는 편이 나을 것이다.

여행지에서 그 고장만의 특이한 풍습이나 다른 고장과의 차이점, 특산물, 교역, 헌법, 정치 형태 등을 자세히 관찰하는 사람이나 그 고장의 유명 인사와 깊이 교류하고 독특한 예의범절이나 현지인들의 품성까지도 잘 이해하고 돌아오는 사람이 있다. 이들이야말로 여행의 진정한 목적을 이룬 사람들이다. 여행에서 돌아왔을 때 이들은 떠나기 전보다 훨씬 더 현명해져 있을 것이다.

호기심 있는 여행은 즐겁다

사랑하는 아들아! 로마는 인간의 감정 체계가 다양한 형태로 생생하게 표현되어 그것이 아름다운 예술로 승화된 도시다. 그런 도시는 세상에 그리 흔하지 않다. 그러므로 로마에 있을 때에는 카피톨이나 바티칸궁, 판테온을 구경하는 것만으로는 부족하다.

로마는 단 1분의 관광을 위해서도 열흘 동안의 정보 수집이 필요한 곳이다. 로마 제국의 본질, 교황이 쥐었던 권력의 흥망성쇠, 추기경의 책략, 궁정의 정책, 교황 선거를 위한 추기경 회의의 비화秘話 등 절대 권력을 자랑하던 로마 제국의 숨겨진 역사라면 무엇이든 깊게 파고드는 것이 좋을 것이다.

어떤 고장을 가더라도 그 고장의 역사와 현재에 이르기까지를 간단히 소개한 소책자가 있다. 미흡한 점은 있지만 먼저 그 책자를 읽어두면 많은 도움이 된다. 그러고도 더 자세히 알고자 한다면 그 고장 사람들에게 직접 물어보면 된다. 그렇다. 모르는 점이 있으면 그 고장에 정통한 사람들에게 물어보는 것이 최상의 방법이다.

책이란 아무리 자세하게 기록되어 있다 하더라고 완벽한 정보를 제공하지는 못한다. 영국이나 프랑스에도 자국의 현황을 상세하게 소개한 소책자가 여러 권 출간되어 있다. 그러나 그 책자들은 정보서로서는 불완전하다. 그것은 자국에 대해 그다지 정통하지 못한 사람들이 썼거나, 그런 사람들이 쓴 책을 아무런 검증 없이 그대로 옮겨 놓았기 때문이다.

그렇다고 해서 그 책자가 읽을 가치가 전혀 없다는 뜻은 아니다. 그것을 읽음으로써 모르던 고장을 알 수 있기 때문이며, 그 책을 읽지 않았더라면 아예 알 수조차 없었던 그런 지식들 또한 들어 있다. 의심나는 부분이 있으면 단 한 시간이라도 괜찮으니 프랑스 정세에 정통한 국회 의장이나 의원에게 물어보라. 프랑스에 있는 모든 책을 다 읽어도 모를 프랑스 국내 정세를 조금은 알 수 있게 될 것이다.

만일 군사력에 대한 지식이 필요하다면 프랑스군 장교에게 문의하면 좋을 것이다. 사람은 누구나 자기의 직업에 특별한 애착을 가지고 있으므로 그에 대한 이야기를 나누는 것을 싫어하지는 않을 것이다. 개중에는 자기 직업과 연관된 이야기가 나오면 저절로 신바람이 나서 모두 드러내놓고 이야기하는 경우도 있다. 그러므로 군인을 만날 기회가 있거든 군사 훈련 방법, 의복 배당, 야영 훈련, 임무, 월급, 검열, 숙영지 등 알고자 하는 모든 것을 질문해라.

또한 해군에 대한 정보도 수집하는 것이 좋다. 왜냐하면 이제껏 영국은 프랑스 해군과 깊은 유대관계를 지속시켜 왔고, 앞으로도 그 관계는 계속 유지될 것이기 때문이다. 알아서 유해할 것은 없다.

사랑하는 아들아! 직접 체험한 해외 정보는 네가 본국으로 돌아왔을 때는 너의 존재를 한결 돋보이게 하고, 다른 나라와의 외교 관계에 얼마나 도움이 될 것인지 상상해 보라. 아마 그것은 상상 이상일 것이다. 실제로 이 분야에 정통한 사람은 아직까지 거의 없다. 지금도 이 분야는 미개척지이다.

5. 여행은 몸소 체험하는 것

여행지에서는 그곳 사람들과 어울려라

사랑하는 아들아! 하트 씨의 편지는 언제나 너를 아낌없이 칭찬하는 내용이었는데, 이번 편지에는 특히 나를 기쁘게 하는 얘기가 적혀 있었다. 로마에 체류하는 동안 너는 이탈리아인의 사회에 동화하려고 무척 애썼다는구나. 너의 이러한 행동은 내가 왜 너를 외국으로 여행을 보냈는가 하는 취지를 네가 잘 이해한 분별력 있는 행동이라고 나는 느꼈다. 정말 기쁘구나. 외국인들을 많이 아는 것은 자국민만 아는 것보다 훨씬 유리하다. 이러한 분별 있는 행동을 네가 어느 나라에 가든지 계속할 것을 권한다.

한 고장에 1주일이나 10일 정도의 짧은 기간 동안 잠시 머무르는 것으로는 여행의 진짜 즐거움을 경험할 수 없다. 또한 그곳의 현지인들과 친해질 시간도 없다. 그렇게 짧은 시간이라면

상대방도 친해지기를 꺼린다. 그러나 여러 달 그곳에 머무르게 되면 이야기는 달라진다. 현지인들과 친해질 수 있는 시간이 있기 때문이다. 그러면 자연적으로 이방인이라는 선입견이 없어진다. 이것이 바로 여행의 즐거움이다.

사랑하는 아들아! 어디를 가든 그곳의 현지인들과 친하게 지내고, 그들의 사회에 적응해서 그들의 참모습을 제대로 볼 수 있어야 한다. 이것이 곧 그 고장의 풍습과 예절, 그리고 그 고장의 특성을 이해하는 유일한 방법이라고 나는 생각한다. 이러한 것은 단 30분 동안의 형식적인 공식 방문 따위로는 결코 얻을 수 없는 것이다. 세계 어디를 가든지 인간이 가지고 있는 본래의 성질은 모두 같다.

다른 점이 있다면 그것을 표현하는 방법으로 그 고장의 특성이나 환경에 따라 서로 다른 형태로 표출이 된다. 우리는 그 갖가지 언어나 풍습에 두루두루 익숙해져야 한다. 이를테면 '야망'은 어느 나라, 어떤 사람이라도 가지고 있다. 그러나 그 야망을 만족시키는 방법은 그곳의 교육이나 풍습에 따라 다르다. 예절을 지키려는 마음도 누구나 갖고 있는 감정이다. 그러나 그 마음을 표현하는 방법은 각 고장에 따라 다르게 나타난다.

영국에서는 국왕에게 절을 하는 것이 존경의 표시지만, 프랑스에서는 실례가 된다. 황제에게는 존경의 표시로 절을 하는 것이 원칙이다. 그리고 전제군주 앞에서는 엎드려 큰절을 하는 나라도 있다. 이처럼 예절은 나라와 시대, 그리고 풍습에 따라 다르다.

그렇다면 그 예절은 어떻게 해서 생겨난 것일까? 그것은 인간 감정의 자연적 발생에 기인한 것이라고 말할 수밖에 없다. 아무리 훌륭한 사람이라도 그곳의 고유한 예절을 배우지 않고서는 그것을 표현할 수는 없다. 그럴 수 있는 사람은 실제로 그곳에서 직접 눈으로 보고 몸으로 체험한 사람뿐이다.

왕이나 황제에 대한 예절만이 아니라 모든 계층에 존재하는 관습 또한 마찬가지다. 예를 들어 사람들이 서로의 건강을 위해 축배를 드는 어리석은 행동은 어느 고장에서나 흔히 볼 수 있는 관습이다. 내가 술을 한 잔 마시는 것과 다른 사람의 건강이 도대체 무슨 관련이 있다는 말이냐? 상식으로는 도저히 이해할 수 없는 일이지만 그러한 관습을 따르는 것이 좋다고 말하려 한다.

사람에게 있어 양식良識(뛰어난 식견이나 건전한 판단)이란 남에게 예의를 갖추고 좋은 감정을 가지라고 가르친다. 그렇지만 때와 장소, 사람에 따라 어떻게 행동하는 것이 예의를 갖추는 것인가는 직접 눈으로 보고 몸소 체험하기 전에는 알 수 없다. 이번 여행에서 너는 그것을 배우고 돌아오기 바란다.

깊이 있는 체험을 해라

사랑하는 아들아! 사리가 분명한 사람은 어디를 가든지 그 고장의 풍습을 배우고 실천하려고 노력한다. 도덕적으로 용인될 수 없는 일이 아니면 전 세계 어디를 가든지 그렇게 행동하는 것이 좋다.

그러기 위해서는 어느 정도의 적응력이 필요하다. 적응력이란 때와 장소에 따라 적절하게 행동할 수 있는 능력이다. 예의 바른 사람을 대할 때는 진지한 표정을 하고, 명랑한 사람에게는 즐겁게 행동하고, 보잘것없는 사람을 만날 때에는 가볍게 상대한다. 이런 능력을 몸에 지니도록 노력해라. 여러 나라를 방문할 때 유명 인사들과 교류함으로써 그런 유명인이 될 수 있다.

각 나라의 고유한 풍습을 받아들여 파리에서는 프랑스인이 되고, 로마에서는 이탈리아인이, 런던에서는 영국인이 되는 것이다. 요즈음 너는 이탈리아어를 제대로 못해서 고민하고 있는 모양이더구나. 그러나 프랑스의 귀족들을 보라! 그들은 말할 때 스스로는 미처 깨닫지 못하지만 뛰어난 산문散文을 읊고 있다.

그와 마찬가지로 너 또한 스스로는 미처 깨닫지 못한다 할지라도 이탈리아어를 아주 잘 이해하고는 있을 것이다. 너는 프랑스어와 라틴어를 능숙하게 구사하고 있으므로 이탈리아어를 대충은 알고 있는 셈이다. 다만 숙어나 관용구 혹은 미묘한 표현 등을 실제로 말해 보는 것이 가장 좋은 방법이다. 상대방의 말을 귀 기울여 듣는다면 그런 것은 쉽게 익힐 수 있다.

그러므로 대화할 수 있을 만큼 단어를 익히면 망설이지 말고 누구에게나 말을 걸어보는 것이 좋다. 프랑스어로 '안녕하세요?' 라고 인사를 하는 대신 서투른 이탈리아어일지라도 '안녕하세요?' 라고 말하는 것이 회화에 훨씬 도움이 된다. 그러면 상대방은 이탈리아어로 또 뭐라고 대답을 할 것이다. 그런 식으로 차츰차츰 그 말을 듣고 배워 나가면 된다. 이렇게 되풀이하다 보면 자신도 모르는 사이에 이탈리아어에 능통할 것이다. 이탈리아어는 의외로 배우기 쉬운 언어다.

사랑하는 아들아! 여러 가지 이야기를 했지만, 너를 해외로 보낸 진짜 이유는 이런 것들을 몸에 익히고 배우기를 원했기 때문이다. 어느 나라를 가든지 단순한 관광에 그치지 말고 그 나라의 실상을 깊이 있게 체험하고 오기를 바란다. 현지인들과 친밀하게 사귀어 그 나라의 풍습과 예의범절, 그리고 그 나라의 언어도 익히기 바란다. 네가 그렇게만 한다면 나의 이러한 노력은 결코 헛되지 않을 것이다.

제 4 장

세상을 바로 보는 눈을 길러라

1. 주관적 사고를 가져라

사람들이 사는 모습은 모두 같다

사랑하는 아들아! 이 편지를 받을 무렵이면 너는 벌써 라이프치히에 도착했으리라 본다. 드레스덴에서의 궁전 생활은 재미있었느냐? 너는 현명하기에 그러한 축제 분위기는 드레스덴에 묻어버리고 라이프치히에서는 공부에만 전념하리라 믿는다. 궁전에서의 생활이 만족스러웠다면 공부해서 지식을 쌓는 일이 남에게 인정받는 가장 큰 지름길이라는 사실 정도는 터득했겠구나. 지식과 덕을 갖추지 못한 궁전 사람은 꼴불견에다 불쌍한 사람들이다. 반대로 지식과 덕을 겸비하고 품격과 겸손한 태도를 몸에 익힌 사람은 보기에도 훌륭하지. 나는 네가 그런 사람이기를 바란다.

사람들은 흔히 궁전 생활을 '거짓말과 위선 덩어리에다 겉과 속이 전혀 다른 세계'라고 빈정대지만, 나는 그 말에 동의하지 않는다. 강조해서 말하지만, 도대체 '일반론一般論'이라는 것이 옳았던 예는 드물었다. 어쩌면 궁전 생활이 겉과 속이 전혀 다를 수도 있다. 그렇지만 그런 경우가 궁전 생활에만 한정된 것은 아니지 않느냐. 따지고 보면 이 세상에 그렇지 않은 곳이란 한 군데도 없다.

농부들이 모여 사는 농촌 생활 역시 알고 보면 이와 비슷하다. 다른 점이 있다면 궁전에서 생활하는 사람들보다 예절을 그리 중요시하지 않는다는 정도다. 밭이 서로 인접해 있는 농부들은 어떻게 하면 이웃보다 더 많이 곡식을 추수할 수 있을까를 골똘히 생각할 것이며, 땅이 많은 지주의 마음에 들기 위한 필사의 작전을 계획하고 있을 것이다. 그것은 궁전에서 생활하는 이들이 왕의 비위를 맞추려는 것과 조금도 다를 게 없다.

시인들이 자신들의 시에서 시골 사람들은 순박하고 거짓말과 위선이 없는데, 궁전 사람들은 위선 덩어리라고 토로한다 해도, 또 맹목적이고 무지한 자들이 그것을 진실이라고 믿고 따라도 변하는 것은 아무것도 없다. 양치는 목동이나 궁전에서 사는 사람들이나 모두 똑같은 인간인 것이다. 마음으로 느끼는 것, 생각하는 것들은 결국 동일하다. 단지 차이나 생활 방식일 뿐이다.

일반론에 빠진 사람을 멀리해라

사랑하는 아들아! 일반론을 주장하고 따르며 그것을 인정하고 받아들이는 일에는 신중을 기하기 바란다. 대체로 일반론을 주장하는 사람들 가운데는 자만심이 강하며, 영악하고, 확고한 사람이 많다. 정말로 현명한 사람은 그런 것을 내세우지 않는다. 교활한 사람들이 일반론을 내세우는 것을 보면 그러한 것에 의지할 수밖에 없는 빈곤한 지식이 불쌍할 따름이다.

세상에는 국가나 직업뿐만이 아니라 다양한 일반론들이 활개를 치고 있다. 그중에는 틀린 것도 있고, 맞는 것도 있다. 그러나 대체로 자신만의 확고한 사고방식이 없는 사람이 '일반론'이라는 오래된 사고방식으로 남의 이목을 집중시키려 한다.

나는 그런 사람이 다른 사람의 관심을 끌기 위해서 일반론을 내세우면, 의식적으로 위엄 있는 표정을 지으며 '그래요, 그렇습니까?'라고 대꾸하며 계속해서 상대방의 다음 말을 유도해 낸다. 그러면 상대방은 그 다음 말을 잇지 못해 어쩔 줄을 몰라 우물쭈물한다. 결국 자기 자신의 확고한 지식이 정립된 사람은 일반론 같은 것에 의지하고 않고서도 자신의 의견을 명확히 말할 수 있는 것이다.

2. 정직한 눈으로 세상을 보아라

올바르게 사고하는 습관을 길러라

사랑하는 아들아! 이제는 너도 올바르게 사고할 수 있는 나이다. 너와 같은 또래의 아이들 중에 그렇게 할 수 있는 사람은 아직 많지 않다고 생각하지만, 지금부터 너는 사물에 대해 깊이 사고하는 습관을 몸에 익히기 바란다.

고백하지만, 나도 그런 습관을 들이기 시작한 것이 그리 오래된 일은 아니다. 나는 17세가 될 때까지도 혼자 힘으로 사물에 대한 올바른 사고를 하지 못했다. 게다가 그 후 조금씩 달라지긴 했지만, 사고한 것을 일상생활에 제대로 활용하지도 못했다. 책을 읽어도 그 내용을 이해하지도 못한 채 그대로 받아들였고, 사람들과의 대화에서도 그 옳고 그름을 분별하지 못하고 그대로 받아들였다. 시간과 노력을 들여 진실을 추구하기보다는 순간순간 편한 것이 좋다는 사고방식에 빠져 있었다. 생각하는 것을 귀찮게 여겼고, 항상 놀기에만 바빴다.

또한 상류 사회의 독특한 사고방식에 대해서 조금은 반항하고 있었다. 그런데 어느 순간 스스로 사고 능력을 기르려는 뜻을 세우고 실천에 옮기자 사물을 보는 시각이 놀랍게도 달라졌다. 단순히 있는 그대로의 사고방식으로 사물을 보거나 실체가 존재하지 않는 곳에 힘이 있다고 착각했었던 그 전의 사고방식에 미루어 사물이 얼마나 질서 정연하게 보였는지 모른다.

물론 아직도 나는 다른 사람에게서 받은 사고방식에서 크게 벗어나지 못하고 있는지도 모른다. 오랜 시간이 흐르는 동안 다른 사람에게서 받은 사고방식이 아무런 재고 없이 그대로 굳어 버린 것도 있을 수 있다. 어떤 면에서 어릴 때의 사고방식이 오랜 시간이 흘러도 변하지 않는 경우와 나이가 들어 혼자 힘으로 깨닫게 된 사고방식 사이에는 어떤 것이 더 옳은지 구분 지을 수 없는 경우가 있기는 하다.

편견과 선입관을 버려라

사랑하는 아들아! 나를 맨 처음 사로잡았던 편견은—어린 시절의 귀신, 악몽 등에 관한 사고방식은 제외시킨다— 고전古傳

의 절대주의였다. 이러한 편견은 많은 고전을 접하고, 또 선생님의 강의를 통해 자연적으로 생겨난 것으로 나는 그것을 거의 신봉하고 있었다.

나는 근래 1,500년 동안 이 세상에 양식이나 양심 같은 것은 전혀 존재하지 않는다고 믿었다. 양식과 양심 같은 것들은 고대 그리스, 로마 제국의 멸망과 함께 사라져버렸다고 생각했었다.

그리스 작가 호메로스*Homeros*와 로마 최고의 시인 베르길리우스*Vergilius*는 고전이라서 위대하고, 시인 밀턴*Milton*과 이탈리아 최고의 시인 타소*Tasso*는 고전이 아니라는 이유로 볼 만한 것이 없다고 생각했었다.

하지만 지금은 다르다. 300년 전이나 현재나 서로 다를 것이 없다는 생각이다. 그때나 지금이나 인간은 모두 평범하며, 다만 시대에 따라 그 존재 방식이나 관습이 변할 뿐, 인간의 본질은 결코 변하지 않는다는 것이다. 동물이나 식물이 1,500년 전이나 혹은 그 이전과 비교할 때 아무것도 달라지지 않은 것과 마찬가지로 인간 역시 1,500년 전 혹은 300년 전에 존재했던 인간들이 더 훌륭하거나 현명했다고 볼 수는 없는 일이다.

고전에 대한 독단적인 편견과 마찬가지로 종교에 대한 편견도 사람을 편협하게 만든다. 나는 한때 영국 국교를 신봉하지 않았으며, 제아무리 정직한 사람이라도 결코 구원을 받지 못하리라고 진심으로 믿었을 정도다. 인간의 사고방식이나 견해는 그렇게 쉽게 바꿀 수 없는 것이다. 또한 자신의 견해가 다른 사람의 의견과 다를 수 있으며, 그럴 때에는 서로 진지하고 너그럽게 상대방의 의견에 귀를 기울여야 한다는 것을 명심하기 바란다.

그 다음의 독선적인 생각은 앞에서도 언급했지만, 사교계에서 남의 이목을 집중시키기 위해 '겉보기에 잘 노는 한량'처럼 보일 필요가 있다는 어리석은 생각이었다. 그런 사람들이 사교계에서 주목을 받는다는 말을 깊이 생각하지도 않고 그대로 받아들여 실천에 옮긴 것이다. 어쩌면 그렇게 행동하는 사람들로부터 비웃음을 당하고 싶지 않다는 마음이 나를 더욱 그렇게 행동하도록 만들었는지도 모른다.

하지만 이젠 그런 것이 두렵지 않다. 스스로는 '잘 노는 한량'이라고 뽐내지만 제아무리 박식하고 훌륭한 신사라 할지라도 그것은 인생의 단점이 될 뿐이다. 그들은 자신들이 인정받고 싶어 하는 사람들에게서 오히려 그 가치가 하락될 뿐이다. 그것은 자신의 결점을 숨기려는 행동이 아니며, 없는 결점까지도 드러내 보이려는 꼴이 되는 것이다.

중요한 것은 눈에는 보이지 않는 법

　사랑하는 아들아! 지금의 나이에 네가 가장 명심할 것은 잘못되기는 해도 그렇게 어리석지만은 않은 사고방식이다. 그러나 사고방식은 이해력도 뛰어나고 생각도 건전한 사람들이 어쩌다 진리를 추구하려는 노력을 게을리하거나 집중력과 통찰력의 부족으로 인해 그대로 방치해 온 일련의 사실들이다.

　그중 하나의 예로써 유사 이래 줄곧 진리라고 믿었던 '전제정치 하에서는 진정한 예술이나 과학이 발전하지 못한다.' 라는 말이 있다. 과연 인간의 자유가 제한되는 곳에서는 그 재능 역시 함몰되어버리는 것일까?

　이 말은 겉으로 보기에는 과연 그럴듯하게 보이지만 나는 그렇게 생각하지 않는다. 농업과 같은 기술의 경우라면 정치 형태에 따라 소유자나 이익이 수반되지 않는다면 확실히 그 발전이 어려울지 모르겠지만, 수학자나 천문학자, 웅변가 등의 예술적 재능을 억제한다고 해서 그것이 진보되지 못한다는 말은 옳지 않다. 그리고 그런 예는 아직 없었다. 어쩌면 시인이나 웅변가의 자유로운 표현 방법은 억압받을지 모르지만 그렇다고 해서 정열을 기울일 대상까지 빼앗기는 것은 아니다. 재능이 있다면 적어도 그것까지 말살될 우려는 없는 것이다.

그리고 무엇보다도 이러한 생각이 오류라는 것을 증명한 사람들은 바로 프랑스 작가들이었다. 코르네유 *Corneille*, 라신 *Racine*, 몰리에르 *Molière*, 브왈로 *Boileau*, 라 퐁텐 *La Fontaine* 등 그들은 아우구스투스 시대와 견줄 만한 루이 14세의 압제 속에서도 그 재능을 꽃피웠던 것이다.

아우구스투스 시대의 훌륭한 작가들 또한 예술적 재능을 발휘한 것은 악랄하고 포악한 황제가 사람들의 자유를 구속한 이후라는 것을 새겨두기 바란다. 또 편지에 대한 재평가도 자유로운 풍조 아래에서가 아니라 절대적인 권력자였던 교황 레오 10세, 그리고 무도한 독재자였던 프랑시스 1세 때 장려되고 보호된 것이었다.

사랑하는 아들아! 나의 이야기를 오해하지 말기 바란다. 나는 결코 전제정치를 옹호하는 것이 아니다. 독재는 내가 가장 혐오하는 것이고, 압제는 인간의 기본적인 권리를 박탈하는 범죄적 행위라는 생각에는 변함이 없단다.

최종적인 결론은 너의 몫이다

사랑하는 아들아! 거듭 당부하지만, 자신의 두뇌로 사물을 정확하게 사고하는 습관을 기르기 바란다. 그러기 위해서는 우선 현재의 네 사고방식을 하나하나 점검해야 한다. 진실로 네 자신의 사고로 그렇게 생각하는가, 아니면 남이 가르쳐준 대로 생각하는가, 혹은 그 어떤 편견이나 독단적인 사고방식에 사로잡힌 것은 아닌가 하고 자주 되짚어보는 일이 중요하다.

편견이 사라지면 자신의 사고로 여러 사람들의 의견을 들은 뒤 옳고 그름을 분별한 후, 모든 것을 종합하여 자신만의 사고로 정립하기 바란다. 좀 더 일찍 자신만의 사고 능력을 정립하지 못한 것을 후회하지 않도록 되도록이면 빨리 시작해라.

물론 인간의 판단력이 늘 옳은 것은 아니며 간혹 틀릴 수도 있을 것이다. 그러므로 그러한 착오를 일으키지 않기 위해서는 사고하는 습관을 기르는 것이 가장 최선의 지침이다. 그리고 그러한 사고력을 도와주는 것이 책이며, 사람과의 교제인 것이다.

그렇다고 책이든 사람과의 교제든 분별없이 무조건 받아들여서는 안 된다. 그것은 어디까지나 인간에게 주어진 사고력의 보조물에 불과하기 때문이다. 대부분의 사람들이 귀찮게 여기는 사고력에 대해 보다 많은 시간을 할애할 것을 당부한다.

3. 지식은 풍부하게, 마음은 겸손하게

선한 의지를 길러라

사랑하는 아들아! 어떤 장점이나 덕행에도 그와 비례하는 단점이나 부덕 不德(덕이 없거나 부족함)이 있을 수 있으며, 자칫 잘못하면 생각지도 않은 과오를 범하기도 한다. 관대함이 지나치면 피터팬 증후군이 되고, 절약이 과하면 인색함이 되며, 과장된 용기는 만용이 되고, 도를 넘어선 신중함은 비겁함이 된다.

그렇게 보면 결점이 없고 부도덕한 행위를 하지 않는 것 이상으로, 장점이나 덕이 있다는 사실에도 세심한 주의가 필요한 것이다. 부도덕한 행위는 결코 아름다운 것이 아니다. 그러므로 그러한 행위를 보면 무의식중에 외면하게 되고, 더 이상 거기에 깊이 관여하고 싶은 생각이 들지 않는다.

그러나 도덕적 행위는 아름답다. 그러므로 처음부터 마음을 주게 된다. 또 보면 볼수록, 그것을 알면 알수록 매료되게 마련이다. 그리고 얼마 가지 않아서 자신도 모르게 빠져들게 되는 것이다.

올바른 판단을 내려야 할 때는 바로 이때다. 도덕적으로 행동하고 자신의 장점을 끝까지 살리기 위해서는 나쁜 꾐에 빠져 정신을 타락시키려는 자기 자신을 채찍질해야 한다. 이 말은 '지식이 풍부하다.' 는 장점이 자칫 잘못하면 빠져들기 쉬운 함정이 될 수도 있다는 사실이다.

지식이 풍부하다는 것도 바른 판단력이 따르지 않으면 '꼴불견이고, 아는 체한다.' 라는 생각지도 못한 오해를 사게 될지도 모른다. 언젠가는 너도 지식이 풍부해질 것이다. 그때를 대비해서 보통 사람들이 빠져들기 쉬운 함정에 빠지지 않도록 이제부터 주의를 기울이는 것이 중요하다.

지식은 장식품이 아니라 필수품이다

사랑하는 아들아! 지식이 풍부한 사람은 자신에 넘쳐 다른 사람의 의견을 무시하거나 일방적으로 판단을 강요해서 자기 멋대로 단정 짓는 경우가 있다. 그렇게 되면 어떤 결과가 초래될까? 그렇게 무시당한 사람들은 모욕감에 상처를 입었다고 생각하여 순순히 모든 일을 따르지 않는다. 오히려 격분해서 네 말에 반항할 것이다. 심한 경우에는 법적인 수단도 불사하는 사태가 발생할지도 모른다. 이런 일을 미리 방지하기 위해서는 지식이 풍부하면 할수록 겸허해져야 한다. 무턱대고 자신을 내세우면 안 된다.

자신의 견해를 말할 때도 무 자르듯 한 마디로 잘라 말하지 않도록 주의해라. 다른 사람을 설득하고 싶으면 그의 의견에 정중하게 귀를 기울여라! 그 정도의 겸손함조차 없으면 안 된다. 네 스스로 학자인 체하여 얄미운 녀석이라는 욕을 먹기 싫다면, 그렇다고 무지한 사람처럼 보이기도 싫다면, 가장 좋은 방법은 자신의 지식을 드러내놓고 자랑하지 않는 일이다.

주변 사람들과 자연스럽게 어울려서 평범한 이야기를 주고받아라. 화려하게 과장하지 말고, 순수하게 내용만을 이야기하면 된다. 주변 사람보다 조금이라도 더 훌륭하게 보이려거나 학문이 뛰어난 것처럼 보이려고 하면 안 된다.

지식이란 회중시계처럼 가볍게 주머니 속에 넣어두면 된다. 그것을 애써 내세우기 위해 주머니 속을 뒤질 필요는 없다. 또한 누가 묻지도 않는데 굳이 시간을 가르쳐주는 친절을 베풀 필요도 없다. 시간을 묻는 사람이 있으면 그때 시간을 알려주듯 지식도 필요할 때에만 사용하면 되는 것이다.

지식은 장식품이 아니라 필수품이다. 지식을 몸에 지니고 있지 않으면 큰 낭패를 당한다. 그리고 그것을 제때에 잘 활용할 수 있을 때에만 그 진가가 발휘되는 것이다.

4. 학교에서는 우등생, 사회에서는 열등생

세상 이치를 떠난 학문은 무용지물이다

사랑하는 아들아! 오늘 하루는 완전히 녹초가 된 날이다. 아니, 질렸다는 표현이 더 옳을지 모르겠다. 먼 친척이지만 학식이 풍부하고 겉보기에도 매우 훌륭한 신사 한 분이 나를 찾아와서 같이 저녁 식사를 했단다.

"그건 피곤한 게 아니라 오히려 즐거운 일이 아닌가요?"

너는 이렇게 반문할지 모르지만 그 사람은 정말 구제불능이었단다. 한 마디로 말해 그는 예의도 모르고, 대화조차 어려운 이른바 '바보 학자'였다.

흔히 잡담을 일러 사람들은 '근거 없는 이야기'라고 말들 한다. 하지만 그의 이야기는 반대로 전부 근거 있는 이야기뿐이었다. 오히려 나는 거기에 싫증이 났다. 즐겁게 나누는 잡담이라면 차라리 근거 없는 편이 좋을 것이다.

그는 오랫동안 자신의 연구실에 틀어박혀서 온갖 일들에 대해 연구를 거듭한 끝에 자신의 주장을 세웠을 것이다. 그래서인지 그는 말끝마다 자신의 주장을 들먹이고, 내가 조금이라도 거기에서 벗어난 이야기를 하면 눈을 부릅뜨고 분개하였다.

그의 주장은 어떤 면에서 보면 합당했지만, 유감스럽게도 그의 주장에는 현실성이 결여되어 있었다. 그 이유는 그가 책상에 앉아 책만 읽었지, 다른 사람들과의 교제가 없었던 것이다. 그래서 학문에는 조예가 깊지만 인간에 관해서는 무지했다.

자신의 생각을 말할 때조차도 그 말투가 어눌했으며, 말이 입에서 쉽사리 흘러나오지 않았다. 말을 하는가 하면 곧 끊어졌으며, 더군다나 그 말하는 품조차 무뚝뚝하기 이를 데 없었다.

결국 나는 이분을 통해 이런 결론에 도달했다. 아무리 학식이 뛰어난 사람이라도 이런 사람과 이야기하기보다는 비록 교양은 없을지언정 차라리 세상 물정을 알고 있는 수다쟁이와 이야기하는 편이 훨씬 나을 것이라는.

우매한 사람은 현실을 직시하지 못한다

사랑하는 아들아! 현실성이 결여된 사람이 주장하는 이론은 그렇지 않은 사람이 들을 때는 너무 피곤하다. 예를 들어 세상은 그런 것이 아니라는 말참견을 한다 해도 일단 그런 말참견을 시작하면 끝이 없는 데다 상대방은 이쪽 말에는 귀도 기울이지 않을 것이다.

어쩌면 그것이 당연하다. 상대방은 옥스퍼드 대학이나 케임브리지 대학에서 한평생을 연구에만 전념한 사람이므로. 이를테면 인간의 두뇌에 대해서, 마음에 대해서, 이성, 감정, 의지, 감상, 감각에 대해서…… 등등, 그는 보통 사람이 전혀 생각하지 못하는 부분까지 세분화시켜 인간을 철저히 연구하고 분석하며 또 그렇게 해서 자신만의 학설을 정립하는 것이다.

그런 까닭에 그렇게 쉽게 물러설 리가 없으며 자기주장을 맹목적으로 믿고 따르는 것도 당연하다. 그것 또한 그 나름대로 훌륭하다고 말할 수도 있다. 다만 난처한 것은 그 사람은 실제로 인간을 제대로 관찰한 일도 없고, 만난 일도 없으므로 이 세상에는 여러 부류의 인간이 존재한다는 것, 갖가지 관습이나 편견, 기호들이 있다는 것, 그리고 그 모든 것들을 종합하여 한 사람의 인간이 엄연히 존재한다는 것을 도무지 모르고 있다는 사실이다. 극단적으로 말하자면, 인간에 대해서는 너무나 무지하다는 것이다.

예를 들어 연구실에서 '인간은 칭찬받으면 좋아한다.'라는 이론을 발견해서 자신도 그것을 실천하려 들지만, 정작 그에 대한 방법을 모른다면 그 결과는 어떻게 될까? 칭찬이라고 생각되는 말이 그 장소와 어울리지 않았거나 아니면 상황이 맞지 않았거나 혹은 타이밍이 맞지 않았겠지. 그랬다면 차라리 아무 말도 하지 않는 편이 더 나았을 것이다.

그들의 머릿속은 자기 생각으로 가득 차 있어 주변 사람들이 지금 어떠한 상황에 처했는지, 무슨 이야기를 하고 있는지를 전혀 염두에 두지 않는다. 그리고 배려하는 마음조차 없다. 그래서 때와 장소에 아랑곳없이 우선 상대방을 칭찬해 버리고 만다. 칭찬을 받은 사람이 어리둥절한 나머지 당황해하고, 다음에는 또 무슨 말을 들을지 염려되어 가슴 졸이는 것도 무리가 아니다.

이론과 현실에는 큰 차이가 있다

사랑하는 아들아! 세상을 제대로 이해하지 못하는 학자는 아이작 뉴턴이 프리즘을 통해 빛을 처음 보았을 때처럼 인간을 몇 가지 색깔로 분류해서 본다. 이 사람은 이 색깔, 저 사람은 저 색깔 하는 식으로 말이다. 그렇지만 경험이 많은 염색업자는 다르다. 색깔에도 명도와 채도가 있다는 것을 잘 알고 있으며, 한 색깔로 보여도 거기에는 갖가지 색깔이 한데 섞여 있다는 것을 알고 있다.

처음부터 한 색깔만으로 된 인간은 없다. 다른 색깔이 섞여 있거나 때로 그림자가 들어 있기도 한다. 그뿐만이 아니라 천이 빛을 받는 정도에 따라 여러 가지 색깔로 변하는 것처럼 인간 또한 상황에 따라서 여러 가지 색깔로 변할 수 있는 것이다.

이런 이치는 세상을 아는 사람이라면 누구나 다 알고 있는 평범한 사실이지만, 세상과 떨어져 혼자 연구실에 틀어박혀 있는 거만한 학자는 그것을 모른다. 이것은 생각만으로 알 수 있는 것이 아니다. 그런 까닭에 그는 자신이 연구한 것을 실천하려 해도 자신의 이론과 맞지 않아 생각대로 되지 않는다.

그것은 사람이 춤추는 것을 본 적이 없거나 춤을 배운 적이 없는 사람이 제아무리 완벽하게 악보를 읽을 수 있고, 멜로디나 리듬을 이해할 수 있다 하더라도 춤을 출 수 없는 이치와 같은 것이다. 하지만 자신의 눈으로, 귀로 들어서 알고 있는 사람은 전혀 다르다. 마찬가지로 칭찬의 힘을 아는 사람은 언제, 어디서, 어떻게 칭찬해야 하는가를 잘 알고 있다.

말하자면 환자의 체질에 따라 투약 방법을 달리하는 명의와 같다는 말이다. 그들은 드러내놓고 칭찬하지 않는다. 완만하고 비유적으로, 또는 암시적으로 칭찬한다. 이론과 현실 사이에는 이렇듯 커다란 차이가 있다는 것을 알아야 한다.

삶의 지혜가 되는 학문을 지향해라

사랑하는 아들아! 우리는 가끔 지식과 인격이 부족한 사람들이 자기보다 훨씬 뛰어난 사람들을 상대로 거침없이 능수능란하게 그들을 움직이는 것을 보곤 한다. 이러한 경우는 언제나 열등한 사람들 쪽이 세상을 살아가는 지혜에 뛰어난 경우다.

그들은 지식과 인격을 갖추었지만 세상일에 어두운 사람들의 약점을 파악하여 마음대로 조종하는 것이다. 직접 자기 눈으로 보거나 몸소 체험해서 세상을 아는 사람은 그저 책을 통해서만 세상을 아는 사람과는 근본적으로 다르다. 비유를 들자면 그것은 제대로 훈련된 말이 노새보다 훨씬 쓸모 있는 이치와 같은 것이다.

이제는 너도 지금까지 공부한 것, 보고 들은 것을 종합해서 자기 나름대로의 판단으로 인격이나 행동 양식, 예의범절을 제대로 갖추지 않으면 안 되는 시기에 이르렀다. 지금부터는 세상에 대한 시각을 한층 더 갈고 닦아야 한다. 그런 의미에서 사회과학 서적을 읽어두는 것도 좋을 것이다. 책의 내용과 현실을 비교하는 것은 훌륭한 공부가 될 테니까.

예를 들어 수업 시간에 라로슈푸코 *Ra Rochefoucauld*의 명언을 읽고 깊이 새겼다면 그것을 밤에 사교장에서 만나는 사람들을 상대로 그대로 적용시켜보면 좋을 것이다.

책에는 인간이 가진 마음의 움직임이나 감정의 동요 등 여러 가지 내용이 들어 있다. 그것을 미리 체득한다는 것은 좋은 일이다. 그렇지만 그것으로 끝내지 말고 실제로 사회에 뛰어들어 관찰해라. 그렇게 하지 않으면, 그 어떤 지식도 산지식이 되지 못할뿐더러 오히려 잘못된 방향으로 나아갈 수 있다.

책상 앞에 세계 지도를 펼쳐놓고 뚫어져라 들여다본들 정작 그 세계에 대해서 알 수 있을까? 절대로 그렇지 않다. 들여다보기만 해서는 그 무엇도 알지 못할 것이다.

5. 훌륭한 말솜씨로 상대방을 설득시켜라

평소 조리 있게 말하는 방법을 길러라

사랑하는 아들아! 오늘은 영국에서 율리우스력 *Julius calender* 을 그레고리력 *Gregorio calender* 으로 바꾸기 위한 법안을 상원에 제출했을 때의 일을 너에게 얘기해 주겠다. 이 이야기는 틀림없이 너에게 참고가 될 것이다.

율리우스력이 태양력을 11일이나 초과하고 있는 부정확한 달력이라는 사실은 누구나 잘 알고 있는 일이다. 그리고 그것을 개정한 사람이 교황 그레고리우스 13세로서 그가 만든 그레고리력은 곧 유럽의 모든 가톨릭 국가에 의해 채택되었고, 이어서 러시아와 스웨덴, 그리고 영국을 뺀 모든 프로테스탄트 국가에도 받아들여졌다.

나는 유럽의 주요 국가들이 모두 그레고리력을 쓰고 있는데 영국만이 여전히 율리우스력을 고집하고 있는 것은 매우 불명예스러운 일이라고 생각했다. 그런 생각은 나를 비롯한 해외에 자주 나가는 정치가들이나 무역상들 또한 마찬가지였다. 그래서 나는 영국 달력을 바꾸는 일에 앞장서기로 결심했다.

우선 국가를 대표할 만한 자격을 지닌 유명한 법률가와 천문학자 몇 사람의 협조를 얻어 법안을 작성했다. 그런데 나의 고생은 여기서부터 시작되었다. 당연한 일이었지만, 법안의 내용은 모두 법률적인 전문 용어와 천문학상의 어려운 계산으로 가득 차 있었다.

나는 법률학이나 천문학 그 어느 쪽에도 근시안이었던 것이다. 그러나 법안을 통과시키기 위해서는 내게도 조금이나마 지식이 있다는 것을 의원들에게 표시할 필요가 있었고, 또 나와 같이 이런 일에는 문외한인 의원들 자신도 조금은 납득한다는 듯한 분위기를 조성할 필요도 있었다.

천문학을 설명하는 일이 내게 있어서는 켈트어나 슬라브어를 처음 배워 그 나라 사람과 대화를 나누는 것처럼 그렇게 크게 어려운 일은 아니었다. 하지만 의원들의 입장에서 보자면 어려운 천문학 따위는 아무런 흥미가 없을 것이라고 생각되었다. 그래서 내린 결론은 내용에 대한 설명이나 전문 용어의 나열은 생략하고 일단 의원들의 마음부터 사로잡는 일에만 정성을 들이기로 했다.

나는 이집트력에서부터 그레고리력에 이르기까지 그 각각의 달력이 가진 장단점을 가끔 일화를 섞어가면서 재미있게 설명했다. 특히 문체, 말씨, 말솜씨, 제스처에 신경을 썼는데 이것은 성공적이었다. 마침내 의원들은 나의 의견에 설득된 듯했다.

과학에 대한 설명은 아무것도 없었고, 처음부터 그렇게 할 생각도 없었던 터였는데 여러 의원들이 오로지 그러한 나의 설명만으로도 모든 것을 명백히 알았다고 했다.

나의 설명에 이어 법안 작성에 누구보다도 힘을 쓴, 유럽 제일의 수학자이자 천문학자인 마크레스필드 경이 전문적인 설명을 했다. 그런데 그의 설명이 미흡했던지, 실로 모순적이게도 나에게 모든 찬사가 돌아왔다.

말하는 사람이 거친 음성과 묘한 억양으로 이야기하거나, 조리에 맞지 않는 화법으로 말한다면 어떨까? 그럴 경우 경청하는 사람들은 이야기의 내용에 귀를 기울일 기분이나 말을 하는 사람에게 눈을 돌리는 것조차 싫을 것이다.

그런데 이와는 정반대로 호감이 가도록 이야기를 하는 사람을 보면 이야기의 내용과는 상관없이 그 사람의 인격까지도 대단하게 보인다.

논리도 중요하지만 '말솜씨'도 중요하다

사랑하는 아들아! 말하고자 하는 뜻을 논리 정연하게 이야기할 수 있다는 이유만으로 앞으로 네가 정계에 진출할 생각이라면 너를 말리고 싶다. 사람들 앞에서 이야기를 할 때, 그 내용보다는 말솜씨가 훨씬 크게 사람들의 마음에 작용한다.

격의 없는 모임에서 사람들의 관심을 끌고자 할 때나 공식적인 자리에서 청중을 설득시키고자 할 때에는 이야기의 내용도 중요하다. 하지만 말하는 사람의 분위기, 몸짓, 표정, 품위, 목소리의 높낮이, 강조하는 부분, 사투리의 유무, 억양 등 아주 사소한 것까지도 신경을 써야 한다.

나는 피트 씨와 스토마운트 경의 백부인 사법장관 뮤레이 씨가 우리나라에서 연설을 가장 잘하는 사람이라고 생각한다. 이 두 사람을 제외하고 영국 의회를 조용하게 할 수 있는 사람, 즉 논쟁의 소지를 진정시킬 수 있는 사람은 없다.

이들의 연설에는 시끄러운 의원들을 침묵시키고, 자신의 말에 귀를 기울이게 할 수 있는 그 어떤 힘이 들어 있다. 그들이 연설하고 있을 때면 바닥에 바늘이 떨어지는 소리까지 들릴 정도다.

이들의 연설이 왜 그렇게 힘이 있을까? 그 내용이 훌륭해서일까? 정확한 증거를 제시하기 때문일까? 나는 그들의 연설에 매혹당한 사람 중의 한 명으로서 집에 돌아와서 그 이유를 곰곰이 생각해 본 일이 있다. 도대체 그 사람들의 연설 내용이 무엇이었을까를 하나하나 되짚어보니 놀랍게도 연설의 내용이 거의 없을뿐더러 테마도 설득력이 없는 때가 많았다. 단지 그 연설의 말솜씨에 매혹당한 것에 불과했던 것이다.

그 어떤 가식이나 꾸밈이 없는 논리 정연한 연설은 지적인 사람이 두서너 명 모이는 곳에서나 가벼운 모임에서 설득력과 매력을 인정받을지 모르겠다. 그렇지만 많은 대중을 상대하는 공식적인 장소에서는 통용되지 않는다.

우리가 살고 있는 세상이 그런 것이다. 연설을 들을 때 우리들은 어떤 교훈을 찾으려 하기보다는 편하게 들을 수 있는 쪽을 택한다. 원래 가르침을 받는다는 것은 썩 유쾌한 일만은 아니다. 그것은 무식하다는 말을 듣는 것과 같은 이유다.

연설이 경청하는 사람의 귀에 거슬리지 않아도 높은 찬사를 받기 위해서는 무엇보다 연설하는 사람의 목청이 좋아야 하는 것이다. 이것은 연설하는데 그다지 능숙하지 못한 너로서는 특히 다시 한 번 생각해 볼 가치가 있는 중요한 일이다.

6. 사회에서 인정받기 위한 말솜씨

말솜씨에 뛰어난 사람이 되기 위한 세 가지 방법

사랑하는 아들아! 말솜씨가 뛰어난 사람이 되려면 어떻게 하면 좋을까? 우선 그 목표를 항상 마음속에 새겨두고 그것을 실현하기 위해 책을 읽고 문장 연습을 하는 등 네가 할 수 있는 모든 노력을 거기에 집중시켜야 한다.

먼저 스스로에게 타이르듯 말을 해라. '나는 사회에서 인정받는, 뛰어난 사람이 되고 싶다. 그렇게 되기 위해서는 말을 잘해야 한다.

첫째, 일상 회화를 연마하여 품격이 있으며 겸손한 말솜씨를 몸에 익히도록 유의하자. 둘째, 고전이나 현대 작품에 상관없이 웅변가들이 쓴 책을 읽자. 셋째, 말을 잘할 수 있으려면 그러한 노력이 꼭 필요하다고 자신에게 주입시키자.'

책을 활용해라

사랑하는 아들아! 실제로 그런 목적을 가지고 책을 읽을 때는 문체나 말씨의 사용법에 주의해야 한다. 어떻게 하면 좀 더 훌륭한 표현이 되는가. 내가 이 내용과 똑같은 글을 쓴다면 어떤 점이 달라질까를 생각하면서 읽어야 한다.

같은 내용이더라도 작가에 따라 표현이 어떻게 다르며 또 표현이 달라진다면 그 인상이 얼마나 달라지는가를 유의하면서 읽어야 한다. 책의 내용이 아무리 훌륭해도 표현이 서투르거나 문장에 품격이 없거나 문체가 자연스럽지 못하면 전체적인 리듬이 깨진다는 것 또한 주의해서 읽어보면 알 수 있다.

자신만의 독특한 스타일을 구사해라

사랑하는 아들아! 우리가 일상에서 흔히 쓰는 말, 친한 사람에게 보내는 편지에서도 자신만의 독특한 스타일을 갖는다는 것은 중요한 일이다. 대화 전에 미리 준비하는 것도 중요하지만, 대화가 끝난 후에라도 '좀 더 나은 표현은 없었을까?' 하고 반성하는 것도 말솜씨 향상에 큰 도움이 된다.

바른 말 사용과 정확한 발음의 중요성

사랑하는 아들아! 너는 우리들을 매료시키는 배우들이 어떤 방법으로 말하는지 자세히 살펴본 적이 있느냐? 세밀하게 관찰해 보면 알겠지만 훌륭한 배우는 정확한 발음과 바른 말에 중점을 둔다.

말은 개념을 전달하기 위한 수단이므로 그 전달이 서툴거나 듣기 싫으면 안 된다. 매일 큰 소리로 책을 읽고 그것을 하트 씨에게 들어보라고 부탁하는 것도 좋은 방법이다. 숨을 끊고 읽는 방법, 강조해서 읽는 방법, 속도 등 네가 책을 읽는 방법에 어색한 점이 있으면 일일이 그 순간에 중지시켜 정정해 달라고 부탁해라.

또한 혼자서 연습할 때도 잘 들도록 해라. 처음에는 아주 천천히 읽어서 빠른 너의 말버릇을 고치도록 주의해라. 네 발음에는 다소 껄끄러운 부분이 있어 빨리 말할 때에는 상대방이 알아듣기가 힘들다. 발음하기 힘든 말이 있으면 완벽하게 발음할 수 있을 때까지 계속 연습을 해야 한다.

자신의 생각을 문장으로 작성하는 연습을 해라

사랑하는 아들아! 사회적인 문제점이 될 만한 것들을 골라 그에 대해 제기될 가능성이 있는 찬반 의견을 머릿속으로 생각하고 그 논쟁을 적어보아라. 논쟁에 쓰이는 언어는 될 수 있는 대로 품격 있는 언어가 좋다. 이를 테면 상비군常備軍(국가 비상사태에 항상 대비할 수 있도록 편성된 군대 또는 그런 군인)의 가부可否(옳고 그름)에 대해서 쓴다고 하자.

반대하는 입장에서는 막강한 군사력으로 인해 주변 국가들에게 위협을 줄 염려가 있다는 의견을 제시할 것이다. 또 찬성하는 입장에서는 힘에는 힘으로 견줄 필요가 있다는 의견을 제시할 것이다. 이러한 찬반양론에 대해 너는 본질적으로 악惡인 상비군을 창설하는 것이 정황에 따라서 타국의 악을 미연에 방지할 필요악이 될 수 있는지에 대해 깊이 생각해 보면 훌륭한 공부가 될 것이다.

이렇게 해서 네 스스로의 생각을 나름대로 정리하고 그것을 올바른 문장으로 기록해 두면 좋다. 토론에 대한 연습도 되고, 항상 능숙하게 말하는 것을 몸에 익히는 데도 많은 도움이 될 것이다.

상대방이 무엇을 원하는지 파악해라

사랑하는 아들아! 상대를 제압하기 위해서는 상대방을 과대평가하지 않는 것이 중요하다. 연설을 할 때도 청중을 압도시키기 위해서는 청중을 과대평가하지 않아야 한다.

처음으로 상원 의원이 되었을 때 나 역시 의회가 존경이 대상이 되는 사람들만 모인 것이라는 생각에 일종의 위압감을 느꼈다. 하지만 그것도 잠시일 뿐, 의회의 실정을 알고 나자 그런 생각은 곧 사라졌다.

560명의 의원들 중 사려와 분별력이 있는 사람은 고작 30명 내외에 불과했다. 나머지는 모두 평범한 사람에 가깝다는 사실과 품격 있는 말씨와 내용 있는 연설을 요구하는 사람들 또한 그 30명 정도일 뿐 나머지 의원들은 내용과는 상관없이 듣기에 좋은 연설만 하면 거기에 만족한다는 사실을 나는 알아차렸던 것이다.

그 다음부터는 연설할 때마다 긴장감도 적어지고 나중에는 아예 청중에 전혀 신경을 쓰지 않고 단지 이야기의 내용과 말솜씨에만 온 정신을 집중시킬 수 있게 되었다. 으스대는 것은 아니지만, 나는 내용 있는 이야기 정도는 할 수 있을 만큼의 양식을 갖추었다고 자부한다.

어쩌면 웅변가는 솜씨 좋은 제화공製靴工(구두 따위의 신을 만드는 일을 전문으로 하는 사람)과 흡사하지 않을까? 웅변가나 제화공은 청중이나 고객의 기호를 어느 정도 터득하고 나면 그 다음에는 기계적으로 그 일을 할 수 있다.

사랑하는 아들아! 만약 네가 청중을 만족시키는 연설을 하고 싶다면 청중이 만족하는 이야기만 하면 된다. 연설자가 청중의 개성까지 신경 쓸 필요는 없다. 있는 그대로의 그들을 받아들이면 되는 것이다. 여러 번 강조한 바와 같이 그들은 자신들의 감각이나 마음을 끄는 것만을 좋아하고 받아들인다.

7. 네 자신에 대해 긍지를 가져라

서명의 중요성을 인지해라

사랑하는 아들아! 지난번에 네가 쓴 것이라며, 90파운드짜리 청구서가 나에게 배달되었는데 순간적으로 지불을 거절할까 하는 생각이 들었다. 액수가 문제가 아니라 그렇게 큰돈을 쓸 경우에는 미리 한 번쯤 상의라도 하는 것이 예의가 아닐까 하는 생각에서였다. 아무튼 네가 그 청구서에 대해서 편지 한 장 보내지 않은 것도 그러한 생각이 든 이유 중의 하나였다.

또한 그 외에도 너의 서명이 어디에 있는지 알 수가 없었던 탓도 있었다. 청구서를 배달한 사람이 가리키는 곳을 돋보기로 보고서야 비로소 너의 서명을 발견할 수 있었다. 처음에는 글자를 모르는 사람이 한 서명인가 생각했는데, 자세히 보니 너의 서명이라는 사실에 나는 또다시 실망하지 않을 수 없었다. 나는 여태껏 그렇게 보잘것없고 보기 흉한 서명을 본 적이 없다.

　지식인이나 사업을 하는 사람들은 언제나 똑같은 서명을 하는 것이 관례다. 그럼으로써 자신의 서명을 누군가 도용하는 것을 미연에 방지할 수가 있는 것이다. 그리고 그러한 서명은 다른 글자보다는 좀 크게 쓰도록 되어 있다.
　그런데 너의 서명은 다른 글자보다도 작았고, 거기에다가 흉하기까지 했다. 그런 너의 서명을 보면서 나는 앞으로 그 서명으로 인해 너에게 발생할 수 있는 갖가지 좋지 않은 일들을 상상해 보았다.

만약 네가 각료에게 이런 서명을 한 편지를 보낸다면 그는 보통 사람이 쓰는 서명이 아니므로 기밀문서일지도 모른다는 생각에 암호 해독 전문 담당자를 부를지도 모른다.

만일 네가 사랑하는 여인에게 병아리를 보내는 척하고 그 안에 사랑의 편지를 함께 숨겨 보낸다면(이 방법은 프랑스의 앙리 4세가 연애편지를 보낼 때 자주 썼던 수법이다. 그것이 원인이 되어 지금은 병아리도, 짧은 사랑의 편지도 둘 다 똑같이 poulet라는 말로 함께 쓰인다.) 그 편지를 받은 여인은 틀림없이 그 사랑의 편지를 길거리에서 병아리를 파는 장사치가 쓴 것이라고 생각할 것이다.

지성인은 결코 당황하지 않는다

사랑하는 아들아! 당황해서 그런 서명을 할 수밖에 없었다고 너는 변명할지도 모르겠다. 그렇다면 네가 당황한 이유가 무엇이냐? 지성인이란 서두르는 일은 있지만 결코 당황하는 일은 없는 법이다. 당황하면 일을 망친다는 사실을 잘 알고 있기 때문이다. 그러므로 서둘러 일을 마치는 경우는 있어도 일을 아무렇게나 서둘러 처리하는 경우는 없다.

소심한 사람이 당황하는 것은 대체로 주어진 일이 힘에 부친다는 것을 알았을 때이다. 자기 자신의 능력으로는 어떻게 할 방법이 없다고 생각하기 때문에 당황하여 이리저리 뛰어다니다가 마침내 혼란에 빠져서 분별력을 잃게 되는 것이다.

그러나 분별력이 있는 사람은 다르다. 해야 할 일을 완전히 끝마치는 데까지 필요한 시간을 미리 정해 두며, 서둘러 그 일을 끝내야 할 때에도 그 일을 일관되게 완성시킨다.

그러므로 일을 서둘러서 해도 언제나 냉정하고 침착하여 결코 당황하는 모습을 보이지 않으며, 한 가지 일을 끝내기 전에는 다른 일에 절대 손대지 않는다.

물론 네가 여러 가지 할 일이 많아 원하는 만큼 시간을 낼 수 없다는 것은 나도 잘 알고 있다. 하지만 일을 아무렇게나 처리하려면 차라리 반반씩 나누어서 하는 편이 낫지 않을까? 게다가 몰상식한 사람으로 오해받을 정도의 서명을 해서 몇 초의 시간을 벌었다고 해도 결국 그 시간은 아무 데도 쓸모가 없는 것임을 알아야 할 것이다.

제 5 장

진정한 우정이란

무엇인가

1. 친구를 보면 그 사람을 알 수 있다

자신의 결점을 돌아보라

사랑하는 아들아! 이 편지가 도착될 즈음이면 너는 베네치아에서 사육제를 지내고 토리노로 옮겨 면학 준비에 열중하고 있겠구나. 토리노에서의 체류가 공부에 도움이 되고, 또 학력을 신장시켜주기를 기도하겠다. 솔직히 말해서 요즘 전에 없이 네가 걱정이 된다.

토리노의 전문학교에는 평판이 안 좋은 영국인이 많다는 소리를 들었기 때문이다. 이제까지 공들여 쌓아올린 너의 모든 것들이 혹시 무너지지 않을까 하는 걱정이 앞선다. 소문에 따르면 그들은 무리지어 다니며 거칠고 난폭한 행동을 하고, 무례하게 굴며, 편협한 행동을 일삼는다구나. 그런 일들은 자기들끼리 어울리며 좋겠는데 선량한 친구들에게까지 자기네 패거리에 들어오라고 은근히 압력을 넣는다고 한다.

그리고 그것이 뜻대로 되지 않을 때에는 상대방을 우롱하는 방법을 쓴다는구나. 네 나이 또래의 친구들에게 우롱은 압력을 받거나 강제로 권유를 당하는 정도와는 비교도 안 될 정도로 금세 효과가 나타나지. 부디 유의하기 바란다.

대체로 너희 또래들은 부탁을 받으면 싫다고 딱 잘라 거절하지 못한다. 거절하면 체면이 손상된다고 생각하기 때문이지. 게다가 부탁한 사람의 입장을 생각해서 미안한 마음도 들 것이다. 그리고 친구들로부터 따돌림 당하고 싶지 않다는 생각도 들 것이다.

물론 그런 생각을 한다는 것은 잘못된 것이 아니다. 친구의 뜻을 따라주고, 기쁘게 해주고자 하는 마음은 좋은 친구라면 좋은 결과를 초래할 것이다.

그러나 그렇지 않을 경우는 친구에게 맥없이 끌려다니다 좋지 않은 결과를 가져온다. 자신에게 있는 결점을 고치려는 노력만으로도 벅찬데, 괜히 남의 결점까지 흉내 내려는 어리석은 짓은 하지 말기 바란다.

친구는 단순한 놀이 상대가 아니다

　사랑하는 아들아! 토리노의 대학에는 다양한 사람들이 있을 것이다. 그들 모두와 금방 친해질 수 있고, 또 친구가 될 수 있다고 생각한다면 큰 오산이다. 그것은 경솔함에서 나온 자만심이다. 진정한 우정이란 그렇게 쉽게 생기는 것이 아니다. 오랜 시간 서로에 대해 잘 알고 이해한 후가 아니면 참된 우정은 생기지 않는다.

　물론 허울 좋은 우정이라는 것도 있다. 너희 또래들 사이에 만연하고 있는 것이 바로 이것이지. 이 우정은 아주 잠깐 알게 된 동료들과 함께 무분별한 행동을 하거나 놀이에 빠지거나 하는 것이다.

　말하자면 술과 여자로 맺어진 관계로서 그것이 진실하다면 얼마나 진실한 우정이겠느냐? 자신들의 싸구려 관계를 우정이라 칭하며 돈을 빌리고 꾸어주거나 혹은 친구를 위한다는 명목 하에 싸움을 한다. 이런 친구들은 일단 멀어지면 손바닥 뒤집듯이 변해 상대의 험담을 떠벌리고 다닌다. 그들은 두 번 다시 상대를 위하는 일은 하지 않는다. 지금까지의 신뢰를 저버리고 우롱하기에 급급할 뿐이다.

여기서 한 가지 네가 명심해야 할 것은 친구는 단순한 놀이 상대가 아니라는 것이다. 함께 있으면 재미있다고 해서 꼭 좋은 친구는 아니다. 아니, 오히려 친구로서는 부적합한 인물인 경우가 아주 많다.

친구가 아니라고 해서 적대시할 필요는 없다

사랑하는 아들아! 친구를 보면 그 사람의 인격을 알 수 있다. 그것을 아주 정확하게 표현하고 있는 스페인 명언이 생각나 적어본다.

'누구와 함께 지내는지 얘기해 보라. 그러면 당신이 어떤 사람인지 알아맞힐 수 있다.'

부도덕하거나 어리석은 사람을 사귀고 있는 사람은 그 사람도 어리석은 짓을 하고 있는 것이 아닐까, 숨기고 싶은 비밀이 있는 건 아닐까 하고 의심을 받게 된다.

그러나 여기서 주의해야 할 것은 부도덕한 자나 어리석은 자가 다가왔을 경우, 상대방이 모르게 살짝 피하는 것은 물론이지만 지나칠 정도로 차갑게 대하면서 적대시할 필요는 없다는 것이다. 친구로 지내고 싶지 않은 사람은 얼마든지 있겠지만 그렇다고 그들을 적으로 만들 필요는 없다.

　내가 만약 그런 입장에 처한다면 나는 중간적 입장을 취하겠다. 이건 매우 안전한 방법이다. 악행이나 어리석은 행동은 밉지만 인간적으로는 적대시하지 않는다는 뜻이다. 일단 그들로부터 적의를 받게 되면 지내기가 매우 힘들어진다. 물론 친구가 되는 것보다는 낫지만 후에 보복을 당하게 될지 알 수 없기 때문이다.

　중요한 것은 상대가 누구든 간에 말해서 좋은 것과 안 되는 것, 해서 좋은 일과 안 되는 일을 구분하여 자기 자신을 억제하는 일이다. 사람을 양분해서 행동하는 것처럼 보일 때가 제일 나쁜 것이다. 그것이 사실과 다르다 해도 상대방에게 불쾌감을 주고, 상대방을 화나게 만든다.

　진정한 의미에서 사물을 분별하는 사람은 흔치 않다. 대개는 하찮은 일에 마음이 끌려서 굳게 입을 다물거나 반대로 자기가 알고 있는 것과 생각하고 있는 것을 전부 상대방에게 드러내어 적을 만들고 만다.

2. 어떤 친구를 사귈 것인가

너보다 나은 사람을 사귀어라

   사랑하는 아들아! 될 수 있으면 너보다 훌륭한 사람들과 사귀도록 노력해라. 훌륭한 사람들과 사귀면 본인도 모르는 사이에 그들과 비슷해진다. 반대로 너보다 수준이 낮은 사람과 사귀면 네 수준이 낮아지지. 앞에서도 말했듯이 사람은 어떠한 사람을 사귀는가에 따라서 여러 형태로 변하는 법이다.

   내가 말하는 훌륭한 사람이란 좋은 가문이나 높은 지위에 있는 사람을 의미하는 것은 아니다. 내용이 있는 사람들, 다시 말해 세상 모든 사람들이 훌륭하다고 인정하는 사람들을 말하는 것이다.

   훌륭한 사람은 크게 두 부류로 나눌 수 있다. 사회에서 지도적인 입장에 있는 사람, 사교장에서 화려한 활동을 하는 사람 등 사회적으로 걸출한 사람들과 특수한 재능이나 재질이 있는 사람, 특정 분야의 학문이나 예술에 뛰어난 사람 등 어느 한 분야에서 특출한 사람들이다. 그들은 다른 모든 사람들이 훌륭하다고 인정하는 사람들로서 간혹 예외적인 인물이 있긴 하지만 그것은 별 문제가 되지 않는다. 오히려 그런 편이 바람직하다.

교제에 바람직한 클럽이라는 것은 배짱만으로 동료로 가입하거나 어떤 중요한 인물의 소개로 어쩔 수 없이 들어가거나 하는 다양한 유형의 사람들이 모인 그런 곳인지도 모른다. 갖가지 인격이나 도덕관을 가진 사람을 만날 수 있다는 것은 즐겁고 유익하다. 더군다나 그 클럽을 이끌어가는 사람들은 훌륭한 사람들이다. 절대로 눈에 반하는 행동을 할 만한 인물은 들어갈 수 없다.

그런 의미에서 볼 때 신분이 높은 사람들만의 모임은 그 고장에서 훌륭하다고 인정받지 못하는 한 바람직하다고는 할 수 없다. 신분이 제아무리 높다 하더라도 머리가 텅 빈 사람, 상식적인 예의를 지킬 줄 모르는 사람, 아무런 쓸모도 없는 사람들은 어디에나 있기 때문이다.

학식이 뛰어난 사람들만 모인 클럽도 그렇다. 세상 사람들로부터 정중한 대우를 받거나 존경받는 것은 사실이지만 교제에 적합한 클럽이라고는 하기 어렵다. 앞에서도 말한 것처럼 그들은 편하게 행동할 줄을 모른다. 오직 학문밖에 모르기 때문이다.

그렇지만 그런 클럽에 들어갈 만한 재주가 너에게 있다면 간혹 참석하는 것도 좋은 일이라고 여겨진다. 그러면 너에 대한 평판이 좋아졌으면 좋아졌지, 나빠지지는 않을 것이다. 그러나 너의 교제를 그 클럽에 한정시킨다는 것은 좀 생각해 볼 문제다. 이른바 세상 물정 모르는 학자의 동료라고 찍혀 사회에 진출할 때 약점이 될 수도 있기 때문이다.

확고한 판단력을 길러라

사랑하는 아들아! 너희들은 대개 재치 있는 사람이나 시인과 함께 있고 싶어 하고, 또 그들을 좋아한다. 재치 있는 사람은 즐거울 것이고, 재치가 없는 사람은 재치 있는 사람과 사귀는 것을 자랑스러워할 것이다. 그러나 그런 재치 넘치는 매력적인 인물과 교제할 때도 완전히 그 사람에게 빠져들어서는 안 된다. 확고한 판단력으로 일정한 거리를 두고 사귀는 것이 좋다.

재치 있다는 것은 언제나 남에게 좋은 인상만을 주는 것은 아니다. 그와 반대로 사람들에게 초조와 공포감을 불러일으키는 경우도 있다. 대체로 주위의 이목이 자신에게 집중될 때는 번득이는 재치를 두려워하는 법이다. 그것은 여성들이 총을 두려워하는 것과 같은 이치다. 이는 언제 안전장치가 풀려서 총알이 자기 쪽으로 날아올지 모르기 때문이다.

  그러나 이런 사람들과 사귀는 것은 그 나름대로의 의미가 있고 또 즐거운 일이다. 다만 주의해야 할 점은 아무리 그 사람이 매력적이라 하더라도 기존에 사귀던 사람들과의 만남을 아예 끊어버리고 그 사람하고만 만나는 것은 신중하게 생각해 보아야 할 문제다.

결점을 칭찬하는 사람은 가까이하지 마라

  사랑하는 아들아! 무엇보다도 명심해야 할 것은 낮은 수준의 사람들과 사귀지 말라는 것이다. 그들은 비인격적이고, 덕이 부족하고, 지능이 낮고, 사회적 위치도 낮은 사람, 또 내세울 만한 장점이 없으며, 너와 교제하는 것을 자랑으로 삼고 있는 그런 사람들이다. 그런 사람은 너를 옆에 두기 위하여 너의 결점까지 칭찬할 것이다. 그런 사람을 가까이해서는 안 된다.

  혹시 내가 너무도 당연한 걸 말해서 네가 당혹스러워하는 건 아닌지 모르겠다. 수준 낮은 친구와 사귀어서는 안 된다는 것을 강조하려는 뜻이다. 분별력도 있고 사회적 위치도 확고한 분들이 그런 수준 낮은 사람과 교제해서 자신의 신용을 하락시키고 타락해 가는 모습을 나는 이 눈으로 똑똑히 보았기 때문이다.

그들의 가장 큰 문제는 허영심이다. 허영심으로 인해 인간은 수없이 많은 악행을 저질렀고, 우매한 행동을 일삼기에 이르렀다. 사람들이 자기보다 낮은 수준의 사람과 사귀는 것도 바로 이 허영심 때문이다. 사람은 누구나 자기가 속한 그룹에서 최고가 되기를 원하며, 동료로부터 칭찬과 존경을 받아 마음대로 그들을 이끌고 싶은 소망을 가지고 있다. 그런 쓸데없는 찬사를 듣고 싶어서 낮은 수준의 사람들과 사귀는 것이다. 그 결과가 어떠하리라고 생각하느냐? 얼마 못 가 자신도 그 사람과 동일한 수준이 되어버려 자신보다 좀 더 나은 사람과 사귀려 할 때는 매우 힘들게 된다.

사랑하는 아들아! 다시 한 번 말하지만, 사람은 사귀는 친구가 누구냐에 따라 똑같은 수준까지 올라가기도 하고 내려가기도 한다. 사람들은 네가 사귀는 친구를 보고 너를 평가할 것이다.

3. 사람을 평가할 수 있는 안목을 길러라

과대평가의 오류를 범하지 마라

사랑하는 아들아! 어린이들은 인간이나 사물에 대해서 과대평가하기 쉽다. 그 이유는 잘 모르기 때문이다. 진실을 알게 되면 그 평가 가치는 점점 떨어질 것이다. 사람들은 결코 네가 생각하고 있는 것처럼 그렇게 이지적이거나 이성적이지만은 않다. 감정에 의해 쉽게 무너져버리는 나약함도 있단다.

일반적으로 유능하다는 소리를 듣는 사람들도 절대적이 아니라는 것을 너 또한 알고 있을 것이다. 그럼에도 역시 '유능하다'라고 평가받는 것은 다른 사람들과의 비교에서 그렇게 평가되고 있는 것에 불과하다.

다시 말하면 일반인들보다 결점이 적다는 이유만으로 그런 평가를 받는 것이다. 우선 그들은 자기 자신을 억제하고 결점을 보완함으로써 대다수의 사람들을 잘 다루고 있다. 그때 이성의 힘을 빌려 사람을 다루는 우매한 짓은 하지 않는다. 그들은 감정이나 감각 등 다루기 쉬운 점을 아주 교묘하게 이용한다. 그러므로 실패하는 일은 거의 없다.

그런데 위대하다고 불리우는 사람들을 자세히 살펴보면 그들에게도 결점이 있다는 것을 쉽게 알 수 있다. 저 위대한 로마의 정치가 브루투스 또한 마케도니아에서는 도적과 같은 짓을 하지 않았더냐? 프랑스의 추기경 리슐리외*Richelieu*도 마찬가지다. 자신의 시재詩才(시를 짓는 재능)를 높이 평가받기 위해 좋지 않은 흉내를 냈지.

인간이란 어떠한가를 알기 위해서 프랑스의 도덕론자 라로슈푸코 공작의 《격언집 *Maims*》을 참고하면 좋을 것이다. 이 책은 인간에 대해 많은 것을 일깨워준다. 이 책을 매일매일 조금씩이라도 좋으니 꼭 읽기 바란다. 이 책만큼 인간의 있는 그대로의 모습을 정확히 파악하고 있는 책은 없다고 생각한다.

사랑하는 아들아! 이 책을 읽고 나면 너도 인간을 필요 이상으로 과대평가하는 오류는 범하지 않을 것이다. 그렇다고 이 책이 인간을 부당하게 깎아내리고 있는 것은 아니다. 그것은 내가 책임질 수 있다.

어린이다운 쾌활함과 패기로 당당히 뛰어들어라

　사랑하는 아들아! 네 나이 또래의 아이들은 늘 힘이 넘쳐흐른다. 길을 열어주지 않으면 갈 길을 몰라 헤매며 자칫하면 엎어져 목뼈를 다칠 위험도 있다. 그러나 이 무모함이 비난받는 것만은 아니다. 신중함과 자기 조절력을 갖추면 사람들로부터 환영받을 수도 있다.

　그러므로 어린이 특유의 들뜬 마음을 자제하고, 어린이다운 쾌활함과 패기로 당당히 사람들 속으로 뛰어들라고 말하고 싶다. 어린이의 변덕스러움은 고의적이 아니더라도 상대방의 마음을 불편하게 할 수 있지만, 쾌활하고 패기 넘치는 모습은 사람의 마음을 사로잡는다.

　될 수 있는 한 만나야 할 사람들의 성격이나 그가 처해 있는 정황을 미리 조사해 두는 것이 좋다. 그러면 무계획으로 지레짐작하면서 말하는 상황에 처하지는 않을 것이다.

　앞으로 네가 알게 될 사람들 가운데는 좋은 마음씨의 사람들뿐만 아니라 나쁜 마음씨의 사람도 그 이상으로 있을 것이다. 비판하기 좋아하는 사람도 많으나 그보다는 더 비판을 받아 마땅한 사람도 있다.

그러한 사람들을 대할 때는 그 자리에 있는 거의 모든 사람에게 해당되는 장점을 칭찬해 주거나 단점을 옹호해 주면 된다. 그러면 그것이 아무리 일반적인 얘기라도 자기 자신에게 해당되는 말이라고 여겨 모두 기뻐할 것이다.

실패는 성공의 어머니

사랑하는 아들아! 사람은 자기보다 우월한 사람들 속에 있으면 항상 남들이 자기만을 보고 있는 것 같은 느낌에 빠진다. 남들이 작은 목소리로 소곤거리는 것을 볼라치면 자신에 대해서 말하는 게 아닌가 지레 짐작하고, 웃고 있으면 자기를 보고 웃는 게 아닌가 생각하기 쉽다. 또 무엇인가 뜻을 알 수 없는 말을 들을 경우, 그 말을 억지로 자신에게 적용시켜 틀림없이 자기를 두고 한 말이라고 오해하기 쉽다.

아무튼 훌륭한 사람을 만나면서 실패를 거듭하고 쓰라린 좌절감을 맛보는 동안에 너도 세련된 자세를 몸에 익히게 될 것이다.

동성이든 이성이든 간에 네가 가장 친하다고 생각하는 사람 5~6명에게 '저는 경험이 부족하여 많은 무례를 저지르고 있다고 생각합니다. 저의 무례한 행동을 발견했을 때는 주저하지 마

시고 지적해 주십시오.' 하고 부탁해 보렴. 그리고 지적을 해주는 사람이 있으면 우정의 증거로 생각하고 '감사합니다.' 라는 말을 잊지 말고 해야 한다.

이처럼 속마음을 숨김없이 이야기하여 상대방에게 도움을 청하고, 도움을 준 사람에게 감사의 뜻을 전하면 지적해 주는 사람도 기분이 좋아질 것이다. 그리고 그 사람들은 다른 사람에게도 그 이야기를 해서 네게 힘이 되어주도록 부탁할 것이다.

그렇게 되면 많은 사람들이 친절하게 너의 무례한 행동이나 부당한 언행을 충고하게 될 것이다. 그리고 너는 서서히 심신이 자유로워져서 대화하는 상대방에 따라 변화무쌍하게 대응할 수 있을 것이다.

4. 매사에 감사할 줄 아는 사람이 되어야 한다

예의 바르고 마음이 따뜻한 사람은 환대받는다

사랑하는 아들아! 며칠 전 로마에서 귀국한 분으로부터 너에 대한 얘기를 들었다. 로마에서 너만큼 환대를 받은 사람은 없을 것이라는 말을 듣고 너무나 기뻤다. 파리에서도 반드시 환대받을 것으로 믿고 있다. 파리 사람들은 외지에서 온 사람들, 특히 예의 바르고 마음이 따뜻한 사람에게 친절하다고 들었다. 그들의 친절은 네가 자기 나라를 사랑하고, 그들의 행동이나 관습에 호감을 갖기를 바라는 데서 나오는 행동이므로 결코 무관심해서는 안 된다.

그렇다고 그러한 마음을 의식적으로 드러내라는 것은 아니다. 물론 그렇게 하는 것도 좋겠지만, 그런 마음은 충분히 행동으로 전할 수 있는 것이다. 파리에서 환대를 받는다면 그 정도의 답례는 해도 좋다고 생각하는데, 네 생각은 어떠한지 모르겠구나.

만약 내가 아프리카에 가서 선의의 환대를 받는다면 상대가 누구든 간에 그 정도 감사의 뜻은 전할 것이다.

적극적이며 쾌활하고 끈기가 있는 성격이야말로 재산이다

사랑하는 아들아! 네가 파리에서 지낼 준비를 완벽하게 해놓았다. 기숙사도 즉시 들어갈 수 있다. 너는 이에 매우 감사해야 할 것이다. 최소한 반년 동안 기숙사에서 생활할 수 있다는 사실이 무엇을 뜻하는지 깊이 생각해 보기 바란다. 호텔에 기거할 경우, 날씨가 악천후일 때 학교까지 가는 문제나 그 외의 부수적인 시간 낭비는 또 얼마나 많으랴. 그것뿐 아니라 더 중요한 것이 있다.

기숙사에서 생활하게 되면 파리의 상류층 아이와 서로 교제할 수 있는 기회가 주어진다. 그리고 얼마 안 가서 너도 파리 사교계의 일원이 되어 있을 것이다. 이런 특혜를 입은 영국 사람은 아마 내가 아는 한 네가 처음일 것이다. 그에 드는 비용은 걱정할 필요가 없다. 아버지는 네게 그 정도는 해줄 수 있는 능력이 있으니까. 다행스러운 것은 너의 프랑스어 구사 능력이 거의 완벽에 가깝다는 것이다. 그것은 프랑스 사회에 쉽게 익숙해져 그 어느 누구보다 충실한 시간을 보낼 수 있다는 얘기다. 그 외에 내가 무엇을 더 바라겠느냐?

유감스럽게도 프랑스로 진출한 대부분의 영국 청년이 프랑스어를 제대로 구사하지 못한다고 한다. 게다가 사람들과의 교제 방법도 몰라 표현을 제대로 못 하고, 따라서 프랑스 사회도 이해하지 못하게 된다. 결국은 스스로 주눅이 들어 자신감을 잃는 경우가 많고, 자신이 없으니 남자든 여자든 수준 이하의 사람과 사귀게 된다. 뭔가를 할 때 스스로 '할 수 없다.'라고 생각하면 정말로 할 수가 없다. '한 번 해보자.'라고 결심한 후 자신감을 가지고 노력하면 안 되는 게 없는 법이다.

인간적으로 특출난 것도 아니고, 교양도 제대로 갖추지 못한 사람이 출세하는 것을 너도 많이 보았을 것이다. 그런 사람을 관찰해 보면 대개 성격이 적극적이며 쾌활하고 끈기가 있다. 그래서 그런 사람은 남녀를 불문하고 거부당하는 일이 없다. 어떤 고난에 부딪혀도 좌절하는 일이 없다. 몇 번이고 넘어져도 다시 일어나 돌진한다. 그리고 마침내 뜻을 이루고 말지. 훌륭하다고 말할 수밖에 없다.

사랑하는 아들아! 너도 이 점을 본받았으면 한다. 너의 인격과 교양이라면 훨씬 빨리, 정확하게 목표에 이를 것이다. 너는 성격이 낙천적이기 때문에 충분히 다시 일어설 수 있다.

뚜렷한 자기 주관과 확고한 의지, 변하지 않는 끈기

　사랑하는 아들아! 사회생활을 잘 해나가기 위해서는 재능을 키우는 것이 우선적인 조건이다. 하지만 거기에다 뚜렷한 주관과 확고한 의지, 변하지 않는 끈기까지 더하면 전혀 두려울 것이 없다. 무리하게 불가능에 도전할 필요는 없지만, 가능한 한 온갖 방법과 수단을 이용해 도전하면 반드시 길은 열리는 법이니 도전해 볼 필요가 있지 않을까? 한 가지 방법으로 되지 않으면 다른 방법으로 상대에게 어울리는 방법을 찾아내면 된다.

　무엇보다 중요한 것은 불가능한 것과 가능한 것의 구별 능력이다. 단순히 힘들 정도라면, 관철하려는 정신력과 끈기만 있으면 어떻게든 일이 가능해진다. 물론 보다 깊은 주의력과 집중력이 필요한 것은 말할 필요도 없는 일이다.

5. 자신을 소중히 여겨라

자신의 본심을 지켜야 하는 까닭

사랑하는 아들아! 무슨 생각을 하고 있는지 전혀 알 수 없거나 성격이 매우 어둡게 보이는 사람이 있는데, 그것도 결코 칭찬받을 만한 것은 아니다. 그 이유는 일단 인상이 좋아 보이지 않아 오해를 사게 될뿐더러 그런 사람에게는 아무도 자신의 속마음을 털어놓으려 하지 않기 때문이다.

똑똑한 사람은 굳이 겉으로 나타내지 않기 때문에 누구와도 잘 어울린다. 자기 본심은 굳게 지키면서 겉으로는 개방적인 것처럼 보이게 함으로써 상대방의 경계심을 풀어버리게 한다.

이렇듯 자신의 본심을 지켜야 하는 까닭은 아무 말이나 함부로 하게 되면 그 말이 어딘가에 인용되어 자기들 편리한 대로 이용되기 때문이다. 그러므로 매사에 싹싹하게 행동하는 것과 똑같이 신중함도 필요하다.

대화할 땐 상대방 눈을 바라보아라

사랑하는 아들아! 대화를 나눌 때는 항상 상대방의 눈을 보아야 한다. 그렇지 않으면 뭔가 숨기고 있는 게 아닌가 하는 오해를 받게 된다. 더구나 한창 얘기를 하고 있는 사람의 눈을 바라보지 않는 것은 예의에 어긋나는 일이다. 천장을 올려다보거나 창문 밖을 내다보거나 한다면, 그런 것들이 자기에게 열심히 얘기하고 있는 사람보다 더 중요하다는 의미로 비춰져 상대방을 실망시키게 된다.

자존심이 강한 사람은 그런 행동을 보면 분을 참지 못하고 얼굴을 찌푸릴 것이다. 아니, 이런 취급을 받고 자존심이 상하지 않는 사람은 아무도 없을 것이다. 상대방의 마음을 읽으려면 귀보다 눈에 의지해야 한다. 생각하고 있지 않은 것을 입으로 얘기하기는 쉽지만 눈으로 드러내기는 매우 힘들기 때문이다.

웃을 때도 품위가 있어야 한다

사랑하는 아들아! 큰 소리를 내며 웃는 행동을 삼가라. 큰 소리를 내어 웃는 것은 사소한 일에서만 즐거움을 찾는 우매한 자나 하는 행동이다. 기지가 뛰어나고 분별 있는 사람은 결코 다른 사람을 바보같이 웃기거나, 자기 자신도 바보같이 웃지 않는다. 그들은 결코 소리 내어 웃지 않는다. 너도 큰 소리로 천하게 웃는 행동은 절대로 따라하지 마라. 어떠한 경우든 큰 소리로 웃는 것은 어리석어 보이는 짓이다.

예를 들면 누군가가 의자에 앉으려고 하다가 그만 의자가 넘어져서 엉덩방아를 찧고 만다. 이를 본 주변 사람들이 일제히 '와하하하……!' 하고 웃음을 터뜨린다. 이 얼마나 품위가 떨어지는 웃음이냐? 그런데 그들은 즐거워서 어쩔 줄 몰라 한다. 그들을 보고 있으면 천하고 못된 장난이나 돌발적 사건을 보고 폭소를 터뜨리는 것 말고는 마음이 풍요로워지고 표정이 밝아지는 즐거움을 모르느냐고 묻고 싶다.

더구나 그렇게 큰 소리로 웃는 모습은 보기에도 흉하다. 경솔한 웃음은 약간의 노력으로 간단히 참을 수 있다. 그것을 참지 않는 까닭은 사람들이 웃음 자체를 쾌활하고 즐거운 것, 좋은 것이라고 생각하기 때문이다. 그런 이유로 그것이 아주 어리석은 행동이라는 것을 미처 깨닫지 못하고 있는 것이다.

나쁜 습관은 빨리 버려라

사랑하는 아들아! 말을 할 때 함부로 웃는 습관이 있는 사람이 있다. 내가 알고 있는 와라 씨가 그렇다. 인격은 매우 훌륭한데, 얘기를 할 때 웃는 버릇이 있었다. 이 사람에 대해 잘 모르는 사람은 이러한 모습을 보고 처음에는 정신이상자라고 생각하게 된다. 하지만 그런 소리를 들어도 그로서는 변명의 여지가 없지 않겠느냐?

이 외에도 인상이 나빠보이는 버릇이 많다. 사회에 첫발을 내디뎠을 때, 지루한 시간을 달래기 위하여 이상한 흉내를 내보이거나 생각 없이 한 번 해본 동작이 그대로 몸에 밴 것이 아닐까?

사회에 처음 나섰을 때는 처신을 어떻게 해야 할지 몰라 많은 표정을 지어보이기도 하고, 다양한 동작을 시도해 보기도 한다. 그런데 그것이 자신도 모르는 사이에 버릇이 되어 손으로 코를 만지작거리거나 머리를 긁적이다가 간혹 쓸데없이 모자에 손이 가기도 하는 것이다. 왠지 침착해 보이지 않는 사람은 아직도 그런 버릇이 몸에 배여 있어서다. 그런 사람은 무수히 많다. 그러나 그런 버릇은 결코 좋은 것이 아니다. 나쁜 행동은 아니지만 역시 보기에 좋지 않은 행동은 되도록 하지 않는 게 좋다.

6. 사소한 배려가 상대방을 감격시킨다

아주 작은 배려가 주는 즐거움

사랑하는 아들아! 상대방을 화나게 하기보다 즐겁게 하고 싶고, 핀잔보다는 칭찬받고 싶고, 미움받기보다 사랑받고 싶으면 언제나 상대에 대해 배려하는 마음을 가지면 된다. 그것도 조금만 신경을 쓰면 된다. 인간에게는 각기 나름대로의 습관이라든가 취미, 좋고 싫음 등의 감정이 있을 것이다. 그런 것을 세밀히 관찰해서 좋아하는 것은 눈앞에 내놓고 싫어하는 것은 감춘다.

예를 들어 '네가 좋아하는 과자를 마련해 준비했어.' 라고 말하는 것으로 족하다. 또는 '그 아이를 별로 달가워하지 않는 것 같아 오늘은 초대하지 않았어.' 라고 말하는 것도 좋다. 그런 배려가 상대의 마음을 기쁘게 하고 감격시킨다. 싫어하는 것을 알고 있으면서도 부주의로 내놓는다면 그 결과는 뻔하지 않겠느냐? 상대는 바보 취급당한 것으로 오해하거나 푸대접 받았다고 늘 그 일을 마음속에 둘 것이다.

　아주 작은 것이라도 상대는 특별하게 느끼며, 그보다 더 큰 배려를 받았을 때보다 더 많은 감동을 받는다. 아주 작은 배려가 얼마나 기뻤던가를 너도 잘 알고 있을 것이다. 사람이라면 누구나 조금은 지니고 있는 허영심이 상대의 배려로 인해 얼마나 만족을 느꼈는가를 말이다. 그뿐이 아니다. 단지 그 작은 배려 이후로 그 사람에게 호감을 갖게 되고, 그 사람이 하는 모든 행동을 호의로 받아들이지 않더냐? 사람은 모두 그렇단다.

누구든지 칭찬받고 싶어 하는 부분이 있다

　사랑하는 아들아! 어떤 사람의 마음에 들고 싶고 그 사람과 친하게 지내고 싶다면, 그 사람의 장점을 찾아서 그가 원하는 부분을 칭찬하는 방법도 있다. 사람에게는 실제로 우수한 부분과 우수하다고 인정받고 싶어 하는 부분이 있는 법이다. 우수한 부분을 칭찬받는 것이 기쁜 것은 당연한 것이고, 그 이상으로 즐거운 것은 스스로 인정받고 싶어 하는 것을 칭찬받는 일이다. 이보다 더 자존심을 충족시켜주는 것도 없다.

　어느 누구든지 상대방으로부터 칭찬받고 싶은 부분이 있다.

그것을 찾으려면 항상 주의를 기울여야 하는데, 그 사람이 자주 화제로 삼는 것을 관찰하면 된다. 대부분의 사람들은 칭찬받고 싶은 것, 자신이 우수하다고 여기는 것을 자주 화제로 삼는 법이니까. 그곳을 공략하면 상대는 반드시 감동할 것이다.

남을 칭찬할 줄 아는 것도 재주다

사랑하는 아들아! 네가 오해하지 않기를 바란다. 내가 얘기하는 것은 사람의 마음을 아부로 움직이라는 의미가 아니다. 단점이나 악행까지 칭찬할 필요는 없고, 또 칭찬해서도 안 된다는 얘기다. 오히려 그것은 좋지 않다고 서슴없이 말해 주어야 한다. 그러나 꼭 유념해야 할 것은 있다. 사람들은 단점이나 실속 없는 허영심에 눈을 감고 있지 않으면 이 세상은 결코 살아갈 수 없다는 것이다.

타인으로부터 실제보다 현명한 사람으로 인정받고 싶어 하는 마음, 또 아름답게 보이고 싶다는 생각이 다른 사람에게 해를 주는 것은 아니다. 도리어 천진난만하게 보이지 않을까? 그런 사람들에게 그런 생각을 하는 것은 잘못된 것이라고 지적해 봤자 아무런 소용이 없다. 괜히 그런 말을 해서 상대방을 불쾌하게 하는 것보다는, 차라리 칭찬하여 그들의 다음을 즐겁게 해주는 편이 낫다.

상대방이 내가 공감할 수 있는 장점을 지니고 있음을 발견했을 때는 서슴없이, 기분 좋게 칭찬할 수 있다. 그러나 공감대가 형성되지 않고 별로 찬성할 수 없는 것이어서 찬사를 보내고 싶지 않아도 사회로부터 인정받는 사실이라면, 오히려 모른 체하고 찬성하는 쪽이 마음이 편할 때가 있다.

내가 볼 때 너는 남을 칭찬하는 재주가 부족한 것 같다. 그것은 인간이 얼마나 자신의 생각이나 취미를 지지받고 싶어 하고, 더 나아가서 잘못된 생각이나 결점까지도 너그럽게 보아주기 바라는지를 아직 잘 모르고 있기 때문이다.

사람들은 자신의 생각뿐만 아니라 습관, 복장 등 아주 사소한 것까지도 흠을 잡히면 불쾌하게 여기고, 인정을 받으면 매우 기뻐한다. 사람에게는 제각각 특유의 사고방식, 행동 양식, 성격과 외관 등이 있다. 그것들에 관해서는 가타부타 얘기하지 않는 것이 일종의 불문율처럼 되어 있다. 그러므로 그것이 특별히 나쁘거나 자기의 체면이 깎이는 일이 아니라면 스스로 순응해 나가는 것도 중요하다.

그가 없는 곳에서 그를 칭찬해라

사랑하는 아들아! 상대방을 더욱 기쁘게 하는 칭찬은—약간 전략적일지는 모르지만— 그 사람이 없는 곳에서 그를 칭찬하는 것이다. 하지만 그 칭찬이 상대방에게 확실하게 전달되어야 한다.

따라서 칭찬의 말을 정확히 전달해 줄 사람을 선택하는 일이 무엇보다 중요한데, 그 말을 전달해서 이득을 볼 사람을 찾으면 된다. 그런 사람은 분명히 자기가 들은 말을 전해줄 뿐 아니라 과장까지 해가면서 얘기할 것이다. 남에 대한 찬사 중에서 이보다 더 기쁘고 효과적인 것은 없을 것이다.

7. 진정한 강자란 어떤 사람인가

친구는 많고 적이 적은 사람

사랑하는 아들아! 이 세상에는 적은 없고 모든 사람으로부터 사랑만 받는 사람은 존재하지 않는다. 그렇다고 해서 사랑받기 위한 노력을 하지 않아도 좋다는 의미는 결코 아니다.

나의 경험으로 볼 때 친구가 많고 적이 적은 사람이 이 세상에서 가장 강한 사람이다. 그런 사람은 좀처럼 원한을 사지도 않고 질투를 받는 행동도 하지 않는다. 누구보다도 순탄하게 출세하고, 만약 몰락하더라도 사람들의 동정을 받아서 화려한 몰락을 하게 된다. 이런 관점에서 볼 때 되도록 많은 친구를 사귀도록 노력하는 것이 바람직하다.

타인의 호의와 애정, 선의를 얻기 위해서는 노력이 필요하다

사랑하는 아들아! 출세라는 것은 타인의 호의와 애정, 선의로 이루어지는 것이다. 타인의 호의와 애정, 선의를 얻기 위해서는 많은 노력이 필요하다. 지금까지 노력 없이 그저 얻은 사람은 없다. 내가 얘기하는 호의나 애정은 연인들의 사랑이나 친구 사이의 우정처럼 가까운 사람에만 국한되는 것이 아니다.

우리들이 많은 사람들과 만날 때 상대방에게 알맞은 방법으로 그를 기쁘게 함으로써 얻을 수 있는, 보다 넓은 의미의 호의, 애정, 선의를 뜻하는 것이다. 이런 감정은 그 사람의 이해와 대립되지 않는 한 계속되는 법이다.(그 이상의 호의를 받을 수 있는 대상은 가족을 포함해 기껏 세 사람 정도가 아닐까?)

내가 살아온 40년 이상의 경험을 토대로 20세에서부터 다시 인생을 시작한다면 대부분의 시간을 많은 사람들로부터 사랑받는데 쏟을 것이다. 과거 내게 관심을 가져주기를 바라는 남성이나 여성의 마음을 사로잡는 데만 신경 쓰느라 다른 사람은 어떻게 되든 상관없다는 듯한 행동은 결코 하지 않겠다.

만약 교제하고 싶은 인물의 평가가 좋지 않아—이런 일은 능력 있는 자에게 흔히 있는 일이다— 다른 사람들을 화나게 할 때, 어느 쪽을 택해야 할지 몰라 난처한 경우가 있다. 이럴 때는 많은 사람들의 호감을 사는 사람 쪽에 안주하는 것이 현명하다. 그것은 가장 커다란 방패다. 남자든 여자든 사람은 덕망에 약하다. 덕망이 높은 사람은 가능성도 높고, 그 성공률 또한 크다. 여자도 덕망이 있는 남자에게는 쉽게 마음이 끌리는 법이다. 덕망을 얻는 일은 그리 어려운 일이 아니다. 우아한 태도, 진지한 눈빛, 세심한 배려, 상대를 즐겁게 해줄 수 있는 대화, 분위기, 패션 등 아주 작은 것들이 쌓이면 상대의 마음을 잡을 수 있다.

지금까지 내가 만난 사람들 가운데 보기에는 매우 아름다운 미모를 갖추었는데도 내 마음을 붙잡지 못하는 여성, 분별력은 있는데 전혀 마음이 끌리지 않는 사람이 많았다. 왜 그런지 그 이유를 너는 알 것이다. 그렇다, 그 사람은 자신의 미모와 능력에 자신이 넘쳤기 때문에 사람의 마음을 사로잡는 기술 따위에는 소홀했기 때문이다. 이 얼마나 어리석은 생각이냐?

나는 한때 별로 아름답지 않은 여성과 사랑에 빠진 적이 있었다. 그 여자는 미모는 별로였지만 기품이 넘쳤고, 무엇보다 남을 즐겁게 하는 방법, 즉 상대방의 마음을 사로잡는 방법을 알고 있었다. 나는 지금까지 내 인생에서 그녀와 사랑에 빠졌을 때만큼 남에게 마음을 쏟은 적이 없었던 것 같다.

제 6 장

보다 나은 인격 형성을 위한 나의 제안

1. 사람의 마음을 사로잡는 방법

튼튼한 뼈대 위의 아름다운 장식

사랑하는 아들아! 지금의 너는 이제 뼈대가 완성되어가는 단계에 이르고 있다. 남은 건 너라는 존재를 어떻게 아름답게 마무리하느냐가 관건이다. 그것은 너의 임무이자 또 나의 관심이다. 되도록 모든 지성과 소양을 몸에 지녔으면 한다. 물론 확고한 뼈대가 없다면 그것들은 값싼 장식에 불과하지만, 뼈대가 튼튼하다면 그것은 너의 존재를 돋보이게 한다. 뿐만 아니라 아무리 튼튼한 뼈대라도 장식이 없으면 매력이 반감될 수도 있다.

너도 토스카니 건축에 대해 잘 알고 있을 것이다. 그 건축 양식은 모든 건축 형식 중에서 가장 단단한 양식이다. 그러나 제일 세련미가 적고, 멋이 없는 양식이기도 하다. 튼튼하다는 점에서는 기초나 토대에는 가장 잘 맞다고 할 수 있지만, 건물 전체를 토스카니식으로 짓는다면 과연 어떤 모양의 건물이 될까?

아마 그 건물을 관심 있게 보는 사람은 아무도 없을 것이고, 건물 앞에서 걸음을 멈추거나 들어가 보려는 사람도 없을 것이다. 정면이 밋밋하고 살벌하므로 내부는 가히 짐작할 수 있지 않겠느냐? 일부러 들어가 마무리나 장식을 볼 필요가 없다고 생각하는 것도 무리가 아닐 것이다.

그런데 토스카니식을 토대로 도리아식, 이오니아식, 코린트식의 기둥이 세워진다면 어떨까? 건축에 관심이 없는 사람이라도 자신도 모르게 시선을 둘 것이고, 지나가던 사람은 자신도 모르게 발길을 멈출 것이다. 그리고 내부 장식이 궁금해 저절로 걸음을 안으로 옮길 것이다.

보다 멋진 자신을 위해 노력해라

지식이나 교양은 그저 그렇지만 인상이 좋고 말솜씨가 호감이 가는 한 남자가 있다고 가정하자. 언행이 품위 있고 정중하며 붙임성 있는, 다시 말해 자기 자신을 좋게 보이게 하는데 매우 재능이 뛰어난 사람이다.

지식이 해박하고 정확한 판단력을 소유한 또 다른 남자가 있는데 그에게는 앞서 말한 남자의 상대방에게 호감을 갖게 하는 재능은 겸비하지 못했다. 그렇다면 어느 남자가 험한 세상을 더 잘 헤치며 살아갈 수 있을까? 답은 분명히 첫 번째 말한 남자다.

겉보기에 장식을 많이 하고 있는 사람이 장식을 거부하는 사람을 마음대로 농락할 것이다. 그렇게 영리하지 못한 보통 사람들—인류의 4분의 3은 그럴 것이다—의 마음을 끄는 것은 항상 겉모습이다. 그들에게 있어서는 예의나 몸가짐, 사람을 대하는 방법이 전부인 것이다. 그 이상의 내면은 보려고 하지 않는다.

그런데 그것은 영리한 사람들도 마찬가지다. 영리한 사람도 눈이나 귀에 거슬리는 것, 감동을 가져다주지 않는 것에 대해서는 관심을 갖지 않는 법이다.

항상 품위를 지키려고 애써라

사랑하는 아들아! 인간의 마음을 사로잡기 위한 가장 중요한 것은 오감五感(시각, 청각, 후각, 미각, 촉각의 다섯 가지 감각)에 호소하는 것이다. 오감을 즐겁게 해서 이성을 사로잡고 마음을 빼앗는 것이다. 그런 의미에서 네게 완벽하게 품위를 지키라고 얘기해 주고 싶다. 같은 경우라도 상대방이 너에게 품위를 느끼는 것과 그렇지 않은 것과는 아주 많은 차이가 있단다.

생각해 보렴. 무엇을 질문했을 때 침착하지 못하고, 옷차림도 단정하지 못하고, 말투도 얼버무리는 듯하고, 주의가 부족한 그런 사람을 처음 만난다면 너는 어떤 인상을 받겠느냐? 그 사람에 대해 전혀 아는 게 없음에도 불구하고, 어쩌면 그 사람에게 굉장히 훌륭한 장점이 있는지도 모르는데도 마음속으로 미리 그 사람을 거부하지 않겠니?

이와는 반대로 말과 행동이 모두 고상하고 품위가 느껴지는 사람이라면 어떨까? 그 사람의 내면을 속속들이 몰라도 그 사람을 본 순간 이미 마음을 빼앗겨 호감이 생기는 것은 아닐까?

어떤 이유로 그렇게 사람의 마음을 끄는 것인지를 한 마디로 설명하기는 어렵다. 하지만 한 가지는 말할 수 있다. 그것은 바로 말로는 표현할 수 없는 무엇인가가, 즉 아주 사소한 행동이나 말이 차츰 빛을 발하기 시작하여 사람의 마음을 사로잡고 놓아주지 않는 것이 아닌가 하는 것이다. 마치 모자이크처럼 한 조각만으로는 아름다울 수 없지만 조각조각이 모여 하나의 무늬가 되면 아름다운 것과 비슷하다고 할 수 있지.

단정한 차림새, 부드러운 행동, 절도 있는 태도, 듣기 좋은 목소리, 구김살 없는 표정, 상대방의 뜻을 정확하게 파악하고 대응하는 말솜씨 등 이러한 요소들이 하나하나 모여 사람의 마음을 사로잡는다. 적어도 나는 그렇게 생각한단다.

2. 타인의 장점은 곧 나의 장점

위대한 화가도 처음엔 다른 화가의 작품을 모방한다

사랑하는 아들아! 타인의 마음을 사로잡는 행동은 누구나 몸에 익힐 수 있다. 훌륭한 사람들과 자주 만날 수 있는 기회가 있고, 또 자기 마음속에 그럴 의지만 있다면 반드시 할 수 있다. 그것은 훌륭한 사람들을 주의 깊게 관찰하여 그들이 하는 대로 따라 하면 어느 누구든지 할 수 있는 것이다.

예를 들어보자. 우선 어떤 사람을 처음 만났을 때 왠지 좋은 사람이라고 생각되고 마음이 끌린다면 그 이유가 무엇인지 잘 파악하여 분석하기 바란다. 대개는 많은 장점이 한데 어우러져 있다. 겸손하면서도 당당한 모습, 비굴하지 않은 태도로 경의를 표현하는 방법, 우아한 행동, 단정한 옷차림 등이 그것이다.

아무튼 그러한 것을 파악했으면 그대로 따라 해보렴. 대신 자기 자신의 개성까지 버리면서 따라 해서는 안 된다. 위대한 화가가 처음에는 다른 화가의 작품을 모방해 그리는 것처럼, 아름다움이라는 관점에서나 자유라고 하는 관점에서나 원작보다 더 나은 작품이 될 수 있도록 모방해야 한다.

씨를 뿌려야 열매를 맺는다

사랑하는 아들아! 모든 사람으로부터 예의범절이 바르고 호감이 가는 인물이라는 소리를 듣는 사람을 주의 깊게 관찰해 보면 좋을 것이다. 웃어른을 대할 때 어떠한 태도와 말투로 대하는가, 자신과 지위가 같은 사람과는 어떻게 교제를 하고 있으며, 자신보다 지위가 낮은 사람과는 또 어떻게 교제를 하고 있는가를 자세히 관찰해 보라.

오전에 사람을 만날 때는 어떤 내용의 얘기를 하고, 식사 때나 저녁 모임에서는 어떠한 언행을 보이는가 등을 관찰해서 그대로 따라 해보는 것이다. 그러나 앞에서도 말했지만, 흉내 자체가 되어서는 안 된다. 그렇게 되면 자신은 없어지고 그 사람의 복제물만 남게 되는 격이다. 그렇게 노력하다 보면 그 사람은 남을 경솔하게 대하지 않으며, 무시하지 않고, 상대방의 마음에 상처를 주는 일 같은 것은 절대로 하지 않는다는 것을 알게 될 것이다. 그뿐 아니라 상대방에 맞추어서 경의를 표하고, 평가를 하며, 배려를 하는 등 상대방의 마음을 기쁘게 하여 사로잡고 있음을 알 수 있을 것이다.

결국 씨를 뿌려야 열매를 얻는 것처럼 호감이 가는 인물도 정성 들여 씨를 뿌렸기에 풍성한 열매를 수확하고 있는 것이다.

내가 알고 있는 몇몇 사람들 중에도 그 자신들은 그렇게 총명하지 않지만 평소에 현명한 사람들과 교제하고 있기 때문에 생각지도 못한 멋있는 기지를 발휘할 때가 있다. 그러니 너도 내가 늘 얘기하는 것처럼 훌륭한 사람들과 교제하게 되면 자신도 모르는 사이에 그들과 비슷해질 것이다. 거기에 좀 더 집중력과 관찰력을 더한다면 언젠가는 그들을 능가하는 사람이 될 것이다.

하찮은 사람에게도 한 가지 장점은 있다

사랑하는 아들아! 주위에 호감 가는 사람이 없다면 누구든지 좋으니 가까이에 있는 사람을 관찰하면 된다. 아무리 훌륭한 사람이라도 온갖 장점을 다 가질 수 없는 것처럼, 하찮게 보이는 사람에게도 반드시 한 가지 장점은 있게 마련이다. 그것을 따라 해보면 된다. 그리고 단점은 타산지석他山之石(다른 산의 나쁜 돌이라도 자신의 산의 옥돌을 가는 데에 쓸 수 있다는 뜻으로, 본이 되지 않은 남의 말이나 행동도 자신의 지식과 인격을 수양하는 데에 도움이 될 수 있음을 비유적으로 이르는 말)으로 삼으면 된다.

그렇다면 호감이 가는 사람과 그렇지 못한 사람의 차이점은 무엇일까? 그것은 말하는 내용은 같아도 태도가 전혀 다른 것으로써 그것이 바로 호감을 사는 이유이기도 하다.

세상 사람들로부터 인기를 끌고 있는 인물이나 품위를 전혀 느낄 수 없는 인물이라 할지라도 말하고, 움직이고, 옷을 입고, 먹고, 마시는 것은 모두 똑같다. 단지 다른 점은 그 방법과 태도에 있다. 그러므로 말솜씨나 걸음걸이, 식사 태도 등이 좋지 않은 인상을 주는지를 잘 살펴보면 자연스럽게 앞으로의 자기 행동 방향에 대해 알게 될 것이다.

3. 훌륭한 외모가 가져다주는 이로움

사소한 몸동작에도 신경을 써라

　사랑하는 아들아! 얼마 전에 늘 너를 칭찬해 주는 하비 부인으로부터 편지를 받았다. 네가 어떤 모임에서 춤을 추는 것을 보았는데 매우 우아하고 아름다웠다는 내용이었다. 그 편지를 받고 얼마나 기뻤는지 모른다. 춤을 우아하게 춘다는 것은 자리에서 일어서는 것도, 걸음걸이도, 앉는 자세도 모두 우아하다는 뜻임에 틀림없기 때문이다.

　서고, 걷고, 앉는다는 것은 물론 단순한 동작이지만 춤을 잘 추는 것보다 훨씬 중요한 것이다. 내가 아는 사람 가운데 춤을 못 추어도 앉고 서는 동작이 아름다운 사람은 있지만, 춤을 잘 추는데 앉고 서는 동작이 아름답지 못한 사람은 한 사람도 없다. 조심스럽게 일어설 수도 있고, 사뿐사뿐 걸을 수도 있는데 보기 좋게 앉을 수 있는 사람은 그리 흔치 않다.

또한 사람들 앞에 나서기만 하면 긴장하여 위축되고 마는 사람이 있는가 하면, 꼿꼿이 등을 세우고 부자연스럽게 앉는 사람도 있다. 명랑하고 조심성 없는 사람은 앉을 때 의자에 체중을 맡기듯 털썩 주저앉는다. 이러한 행동은 꽤 친한 사이가 아니면 좋은 인상을 주지 못한다.

　모범적인 인상을 주기 위해서는 우선 마음을 편하게 하고 겉으로도 그렇게 보이도록 온 체중을 의자에 맡기듯 앉지 말고 가볍고 조심스럽게 앉아야 한다. 힘을 빼고 자연스럽게 말이다.

　물론 너는 잘하리라 생각하지만 혹시 그렇지 않다면 가능한 한 자연스럽게 앉을 수 있도록 연습해라. 이처럼 사소하게 생각되는 몸동작이 여성뿐만 아니라 남성의 마음까지 사로잡는 데도 얼마나 중요한 요인인지 모른다. 우아한 몸동작은 공공장소뿐만 아니라 일상의 장소에서도 늘 실천해야 한다.

옷차림으로 알 수 있는 인품

　사랑하는 아들아! 너도 이제 옷차림에 신경을 쓸 나이가 되었다. 나는 상대방의 옷차림을 보고 대개 그 사람의 인품을 미루어 짐작한다. 이는 다른 사람들도 마찬가지라고 생각한다.

옷차림에서 과시하는 것 같은 느낌을 받으면 그 사람의 사고방식도 비뚤어져 있는 것이 아닌가 하고 단정하게 된다. 화려한 옷을 입고 있는 사람을 보면 속이 비어 있음을 숨기기 위해서 일부러 그런 차림을 하고 있는 게 아닌가 하고 경멸하게 된다. 또한 옷차림에는 전혀 신경을 쓰지 않아 신분을 구별할 수 없는 사람도 그 인격을 의심하지 않을 수 없다.

현명한 사람은 옷차림에 개성이 드러나지 않도록 신경을 쓰는 법이다. 결코 화려한 옷차림으로 자기만 두드러지게 눈에 띄는 옷차림은 하지 않는다. 그 사회의 지식인이나 사람들과 똑같은 정도의 옷차림을 할 뿐이다. 지나칠 정도로 옷차림이 화려하면 가벼워 보이고, 반면 초라하면 신경을 쓰지 않는 것 같아 실례가 된다.

내 생각에 어린이는 초라한 차림새보다는 약간은 화려한 차림새가 좋을 것 같다. 나이가 들면 화려한 옷차림은 점점 수수해지지만 지나치게 무신경한 것도 좋지 않다. 그러므로 주위에 있는 사람들이 화려한 차림새를 하고 있으면 자신도 화려하게, 검소한 차림새를 하고 있으면 자신도 검소하게 입으면 된다.

항상 바느질이 잘된 옷, 몸에 꼭 맞는 옷을 입어야 한다. 그렇지 않으면 상대방에게 부자연스럽고 어색한 느낌을 주게 된다. 또 그날의 옷차림을 결정하고 그 옷을 입었으면 두 번 다시는 옷차림에 대해서 생각하지 말아야 한다. '색이 촌스러운 건 아닐까, 디자인이 너무 튀지 않은가?' 하고 생각하고 있으면 행동이 부자연스러워진다. 일단 정하고 입었으면 옷에 대해선 전혀 신경 쓰지 말고 아무것도 몸에 걸치고 있지 않은 것처럼 자연스럽고 기분 좋게 행동해야 한다.

그리고 머리 모양도 차림새의 일부이므로 신경을 써야 한다. 또한 신발도 깨끗하지 않으면 나쁜 인상을 주게 되므로 신경 써야 할 부분이다. 좋은 인상을 남기고 싶으면 청결이 매우 중요하다. 손이나 손톱을 항상 깨끗하게 해야 하며, 매일 식사 후에는 이를 닦아야 한다. 이는 특히 중요하다. 의치를 끼지 않기 위해서도, 고통스러운 치통을 앓지 않기 위해서도 게을리해서는 안 된다. 더구나 충치가 있으면 입 냄새가 심하므로 주위 사람들에게도 실례가 된다.

표정 관리에 노력해라

사랑하는 아들아! 사람의 마음을 사로잡는 방법은 참으로 많은데 특히 그중에서도 표정이 가장 효과적이다. 대개 사람들은 용모에 자신이 없으면 그것을 감추고 보완하려고 끝없이 노력한다. 그것은 못생긴 사람일수록 더욱 그렇다. 조금이라도 잘 보이려고 고상한 척 행동해 보기도 하고, 상냥한 미소를 띠기도 한다.

그런데 너는 네 표정에 대해서 어떻게 생각하느냐? 네 나름대로 남자답고, 사려가 깊으며, 결단력이 강한 표정이라고 생각하고 있는 것 같다. 하지만 내가 볼 때 그렇게는 보이지 않는다. 네 표정은 위엄 있게 보이려고 노력하는 어색한 하사관의 표정 같다.

내가 아는 어느 젊은이는 의원에 처음 당선되었을 때 자기 방에서 거울을 보고 표정과 동작 연습을 하고 있었는데 그 모습이 발각되어 웃음거리가 된 적이 있다. 그때 나는 웃을 수가 없었다. 오히려 그 젊은이는 웃고 있는 사람들보다 더 판단력이 뛰어난 사람이라고 생각되었다. 그는 공공장소에서의 표정과 동작이 얼마나 중요한가를 미리 알고 있었던 것이다.

이런 말을 하면 너는 어쩌면 이렇게 반문할 것이다.

"그렇다면 온순한 표정을 짓기 위해 하루 내내 신경 쓰고 있으라는 말입니까?"

그것에 대해 얘기하겠다. 하루 내내 신경 쓰라는 것이 결코 아니다. 2주일이라도 좋으니 좋은 표정을 짓기 위해 노력하기 바란다. 그러면 그 이후부터는 전혀 얼굴 표정에 신경 쓰지 않아

도 된다. 지금까지 신경 쓰지 않고 생활한 것만큼의 반만이라도 괜찮으니 노력해라.

　우선 눈가에 항상 상냥한 표정을 짓도록 해라. 그리고 얼굴 전체가 미소로 가득한 듯한 표정이 좋다. 그런 의미에서는 수도사의 표정을 닮는 것도 괜찮지. 선의가 넘쳐보이고, 자애가 가득하고, 위엄이 받쳐주고 있기 때문에 사람들의 마음을 끌어당겨 호감을 사게 되는 것이다.

　사랑하는 아들아! 표정이 좋지 않으면 아무리 춤을 잘 추고 단정한 옷차림에 머리 모양이 멋있어도 소용이 없다는 걸 명심해야 한다.

4. 호감형 인간이 되어라

평소 호감을 사는 행동을 몸에 익혀라

사랑하는 아들아! 다음에 얘기하는 것들을 몸에 배도록 하지 않으면 지식이 아무리 깊다 해도, 또 아무리 처신을 잘한다 해도 뜻대로 일이 이루어지지 않을 것이다. 너에게는 지금이야말로 남에게 호감을 사는 행동을 몸에 익힐 때이다. 지금 익혀두지 않으면 평생 익히지 못할 것이다. 그러므로 지금은 다른 일들보다 우선적으로 오직 이 일에만 몰두해야 한다.

건강한 육체에 매력적인 외모가 따른다면 그보다 훌륭한 것은 없다. 내가 외모를 잘 가꾸라는 내용의 편지를 쓰는 것을 융통성이 없는 획일적인 인간이나 뽐내기를 좋아하는 현학적인 인간이 안다면 나를 어떻게 생각할까? 아마 '아버지가 자식에게 가르치는 교훈이 겨우 그런 정도라니…….' 하면서 경멸의 시선으로 바라볼 것임에 틀림없다. 아마 그들의 사전에 '호감을 갖는다.'라든가 '남에게 호감을 산다.'라는 말은 없을 것이다.

그러나 현실적으로 이 말은 존재한다. 그만큼 사람들이 호감을 산다는 것을 화제로 삼고, 관심을 가지며, 그것을 원하고 있는 것이다. 결코 웃어넘길 일은 아니다.

예의범절의 중요성을 알아라

사랑하는 아들아! 세상의 아이들 중에 예의가 없고 경박해 보이는 사람들이 많은 이유는 그 부모들이 예의범절을 가볍게 여기고 있거나 전혀 관심을 두지 않기 때문이다. 교육열은 높아 힘닿는 데까지 교육을 시키지만, 각 가정에서는 학교에서 자기 자식이 어떻게 성장하고 있는가에 대해선 매우 무관심하다.

설령 관심이 있다고 해도 그것을 판단하는 일 없이 그저 세월만 보내고 있다. 그리고 자신을 위로하기 위해서 '괜찮아, 다른 아이들과 똑같이 잘하고 있을 거야.'라고 합리화시킨다.

그러나 그 아이들은 다른 아이들과 똑같이 학교에는 다니고 있지만 제대로 하고 있는 것은 아니다. 그들은 학창 시절의 습관대로 천박한 장난을 계속한다. 학생 때 몸에 밴 편협한 태도를 바꾸지 않고, 유학 중에 몸에 밴 거만하고 불손한 태도를 고치지 않는다.

그런 것은 부모가 얘기해 주지 않으면 아무도 말해 주지 않기 때문에 고칠 수가 없다. 그러므로 아이들은 자기의 태도가 매우 꼴불견이라는 걸 모르는 채 생활하고 있다.

앞에서도 여러 번 얘기했지만 자식의 예의범절이나 사람을 대하는 태도를 진실하게 말해 줄 수 있는 사람은 오로지 아버지 뿐이다. 그것은 자식이 어른이 되어서도 변함이 없는 진리다. 아무리 친한 친구라도 아버지와 같은 경험은 없을뿐더러 충고 같은 것은 할 수도 없다. 자식에게 눈에 띄는 결점이 있으면 신속히 발견하여 고치도록 가르치고, 장점이 있으면 대견해하며 박수를 보내는 것이 부모가 할 일이다. 그것이 바로 어버이로서의 임무라고 나는 생각한다.

5. 선善을 행하는 사람의 아름다운 마음

선을 사랑해라

　사랑하는 아들아! 인간은 본래 완벽할 수가 없다. 단지 완벽하려고 노력할 뿐이다. 네가 태어난 이래 내가 네게 기대했던 소원 또한 완벽에 가까운 사람이 되는 것이다. 나는 이를 실현시키기 위해서 늘 노력해 왔다. 따라서 거기에 드는 수고와 비용을 아끼지 않았다. 그만큼 교육이라는 것은 인간을 천성적인 자질 이상으로 바꿀 수 있다는 것을 알고 있기 때문이다. 그것은 이제 너도 경험으로 알게 되었을 것이다.

　내가 어린 너에게 제일 먼저 한 일은 아직 정확한 판단력이 없는 상태에서 선을 사랑하는 마음과 존경심을 가르쳐주는 것이었다. 너는 그것을 마치 문법을 외우듯 기계적으로 몸에 익혔다. 그리고 지금은 네 스스로의 판단으로 그것을 실천하고 있다.

　하기야 선을 행하는 것이나 사람을 존경하는 일 등은 당연한 것으로 누구든 가르침 없이도 실천할 수 있는 것이기는 하지만 말이다. 너에게 판단할 수 있는 힘이 생긴 이후로 나는 더 이상 선을 사랑하라는 말은 하지 않았다. 왜냐하면 너무나도 당연한 것이기 때문이다.

그 다음으로 내가 네게 가르친 것은 실질적이며 한쪽으로 치우치지 않도록 하라는 것이었다. 이것도 생각 외의 성과를 올렸다. 내 기대에 충분히 따라주었다고 말할 수 있다.

그리고 이제 마지막으로 사람과 사귀는 데 있어서 지켜야 할 예의범절을 가르치는 일이 남았다. 예의범절을 지킬 줄 모르면 지금껏 몸에 익혀둔 것들이 모두 빛을 잃고 허사가 되어버릴 것이다. 그런데 유감스럽게도 너는 이 점이 부족한 것 같아 이 편지에서는 그 점에 중점을 두고 다루기로 하겠다.

예의 바름은 암묵적 협정 같은 것

사랑하는 아들아! 내가 아는 어떤 사람이 예의에 대해 정의하기를 '서로 자신의 감정을 약간씩 억제하고 상대방에게 맞추려고 하는, 분별과 양식이 있는 행위'라고 했다. 이에 이의를 제기하는 사람은 아마 없을 것이다. 다만 분별과 양식 있는 인간

이라고 해서 누구나 다 예의 바른 인간이 될 수 있는 것은 아니다. 너 역시 예외는 아니다. 확실히 예의를 갖추는 방법은 사람, 나라, 환경에 따라서 커다란 차이가 있다. 그것은 실제로 자신의 눈으로 보고 귀로 듣지 않으면 알 수 없는 것이기는 하다.

그러나 예의를 존중하는 마음 그 자체는 어느 시대, 어느 장소를 불문하고 변함이 없을 것이다. 그러므로 예의 바른 사람이 되느냐 못 되느냐는 예의 바른 사람이 되고자 하는 마음이 있느냐 없느냐에 달려 있다.

특정한 사회에 예의가 미치는 영향은 도덕이 사회에 미치는 영향과 유사하다. 그것은 사회를 하나로 묶고, 안전을 도모하는 영향이다. 유사한 것은 그뿐이 아니다. 우리 사회에는 도덕적 행위를 권장하기 위해서—또는 부도덕한 행위로부터 몸을 보호하기 위해서— 법률이라는 것이 제정되었다. 이와 마찬가지로 특정한 사회에도 예의 바른 행동을 권장하고 무례를 훈계하기 위한 불문율 같은 것이 있다.

이렇게 말하면 '법과 불문율을 동일시하다니…….' 하고 의아해할지도 모른다. 그러나 나의 경우에는 이것이 공통적인 것으로 인식된다. 남의 땅에 침입한 사람은 법에 의해서 처벌받는다. 이와 마찬가지로 남의 사생활을 침입한 사람도 사회의 묵시적인 합의에 의해 추방되는 것이다.

문명사회에 사는 인간에게 있어서 예의 바름은 누구로부터 강요받는 것이 아니라 자연적으로 몸에 밴 일종의 암묵적 협정 같은 것이다.

예절 지키기

사랑하는 아들아! 어른을 공경할 줄 알아야 한다. 윗사람이나 높은 지위에 있는 사람에게 예의를 지키지 않는 사람은 별로 없다. 중요한 것은 그것을 어떻게 표현하느냐이다.

분별이 있고, 인생 경험이 풍부한 사람은 자만하지 않고 부드럽게 최대한 예의를 표할 줄 안다. 그런데 사람들과 그다지 교제 경험이 없는 사람들은 행동이 부자연스러워 보고 있노라면 매우 아슬아슬하다.

그러나 그렇다고 해서 존경하는 사람 앞에서 의자에 털썩 주저앉거나 휘파람을 불거나 머리를 벅벅 긁는 등의 무례한 행위를 하는 사람은 없을 것이다. 윗사람 앞에서 가장 조심해야 할 것은 무조건 겁부터 내지 말고 그냥 자연스럽게 다소곳이 예의를 갖추는 것이다. 이는 좋은 본보기를 잘 관찰한 다음 실제로 따라하여 몸에 익혀두는 방법밖엔 없을 것이다.

편한 모임에도 지켜야 할 예의가 있다

사랑하는 아들아! 특별히 신경 써야 할 윗사람이 없는 자리에서는 초대받은 사람 모두가 대등한 입장이라고 여겨도 괜찮다. 그런데 이 경우 행동이 자유스러워 긴장감이 없어지는 것이 일반적이다. 어떠한 만남이든 꼭 지켜야 할 선이라는 것이 있는데 이 경우도 그것을 지키기만 하면 된다.

그러나 여기서 간과해서는 안 되는 것이 있다. 신경 써야 할 사람은 없지만 동등한 입장의 사람이라도 일반적인 예의를 지키고 약간의 배려를 해주기를 은근히 기대하고 있다는 것이다. 그러므로 너무 신경 쓰지 않고 주의가 산만한 것은 용납되지 않는다. 예를 들어 누군가 다가와서 쓸데없는 얘기를 하더라도 너는 일단은 예의 바르게 대해야 한다. 건성으로 이야기를 듣다가는 아무리 동등한 입장이라도 그것은 '실례'를 넘어 '굉장한 무례'를 범하고 마는 것이다.

이는 여성인 경우에 더욱 그렇다. 어떠한 위치에 있는 여성이라도 주목하는 것만으로는 안 되며, 아부에 가까울 정도의 배려를 원한다. 그들의 소망은 무엇인지, 싫어하고 좋아하는 것은 무엇인지, 취미는 무엇인지 신경 써야 한다. 때론 그들이 무엇 때문에 변덕을 부리는지도 알아야 하고, 건방진 태도는 무엇에서 기인한 것인지도 알아야 한다. 최대한 그들을 배려해 주고, 가능하다면 그들이 현재 무엇을 원하는지 추측하여 먼저 이야기를 건네는 민첩함도 필요하다.

예의 바른 사람은 모두 그렇게들 하고 있다. 편한 모임에서의 예의를 다하기 위해서는 어떻게 해야 하는가를 하나하나 열거하는 것은 끝이 없을 뿐만 아니라 너에게도 실례라고 생각되니 이것은 그만두기로 하자. 이후는 네 스스로 판단하고 무엇이 네게 이로운가를 생각하면서 행동하기 바란다.

나보다 못한 사람에게 취해야 할 태도

사랑하는 아들아! 신분이나 지위가 너보다 낮다고 해서 결코 네가 그 사람보다 월등하다고 생각해서는 안 된다. 너는 하늘이 내려준 행운에 감사해야 하며, 불운한 환경에서 태어난 사람들을 멸시하거나 말을 함부로 해서 그들의 불행을 상기시켜서는 안 된다.

나는 나와 동등한 사람을 대할 때보다는 신분이나 지위가 낮은 사람을 대하는 태도에 더 신경을 쓰고 있단다. 그것은 그 사람의 실력이나 노력과 아무 상관없이 그저 운명에 의해서 결정된 신분이나 지위 따위로 자존심을 세우고 있는 것처럼 오해받고 싶지 않기 때문이다.

그런데 많은 사람들은 거기까지는 생각이 닿지 못하지. 그들은 권위적이고 명령적인 말투를 쓰는 사람을 용기 있는 자, 기개 있는 자라고 생각하기 쉽다.

사실은 나도 젊었을 때는 그랬다. 지식인의 마음을 사로잡는 것만 생각했다. 그래서 신분이나 지위가 높은 사람들에게만 예의를 지키고 다른 사람에게는 예의를 지키지 않아 비난을 받기도 했단다. 의도적으로 그들을 무시한 건 아니지만, 신경을 덜 쓴 것만은 분명하다. 그래서 그들은 '오만하다. 신분이 낮다고 업신여긴다.'고 오해를 한 경우가 많다. 그렇게 되면 그들은 적의를 품게 된다. 그들이 화를 내는 건 당연한 일이다.

이런 우매한 행동으로 한때 나는 많은 적을 만들어버렸다. 하찮은 사람들이라고 여겼던 사람들이 내가 가장 좋은 평판을 얻고자 노력했던 곳에서 결정적으로 나에 대한 평가를 깎아내린 것이었다. 그만큼 나는 오만불손하다고 오해받을 일을 한 것이다. 그러나 사실은 분별력이 없었던 것뿐이었다.

옛 격언에 '인심을 얻는 왕이야말로 가장 태평하며 오랫동안 권력을 누릴 수 있는 왕이다.'라는 것이 있다. 백성의 인심을 산다는 것은 그 어떤 무기보다도 강하다는 얘기다. 이 말은 우리들에게도 해당된다. 사람의 마음을 사로잡는 방법을 알고 있다는 것은 그 무엇보다도 강한 힘을 가지고 있다는 것을 의미한다.

친한 사이일수록 예의를 지켜야 한다

사랑하는 아들아! 이번에 얘기하고자 하는 것은 '저 정도는 절대 실수하지 않아!'라고 생각하는 데서 뜻하지 않은 실수를 하고 마는 예다. 매우 친한 친구나 지인을 대할 때 특히 그런 경우가 있다.

친한 사이일수록 편안한 기분이 드는 것은 당연하다. 그러한 관계가 사생활에 편안함을 주는 것도 분명하다. 그러나 절대로 침범해서는 안 되는 영역에까지 침범을 해도 좋다는 의미는 아니다. 말하고 싶은 대로 지껄이면 아무리 친한 친구라도 대화의 분위기는 금방 시들해져버린다. 막연한 이야기로는 이해가 잘 되지 않을 것이다. 확실한 예로 이야기를 풀어야겠다.

만약 너와 내가 한 방에 있다고 가정해 보자. 우린 서로 무엇을 하든 상대방과는 상관없다고 생각하고 있다고 하자. 그럴 때 두 사람 사이에 아무런 예의나 자제가 필요 없을까? 그렇게 생각한다면 그건 잘못된 생각이다.

아무리 네가 친하고 편한 상대라도 최소한 기본적인 예의는 지켜야 한다. 약간의 차이는 있겠지만 그것은 다른 사람에게 대해서도 똑같다. 만약 네가 한창 이야기에 열중하고 있는데 내가 줄곧 이야기를 듣지 않고 다른 생각을 하고 있거나 하품을 하는 실수를 한다면 나는 스스로 부끄럽게 생각할 것이다. 그리고 내게서 네가 떠나버리는 것을 각오해야 할 것이다.

따라서 아무리 친한 사이라도 기본적인 예의는 지켜야 우정이 오래 지속되는 법이다. 남편과 아내 사이도 마찬가지다. 삼가는 것이나 예의가 없는 관계라면 의좋은 다정함도 얼마 안 가 시들해지고 서로 경시하게 되어 결국 원수가 되고 말 것이다.

누구에게나 단점은 한 가지씩 있다. 그것을 신경 쓰지 않고 거침없이 드러내는 것은 예의에 벗어날 뿐만 아니라 분별없는 행동이기도 하다. 그렇다고 너를 상대로 거창한 예의범절을 표현하는 행동은 하지 않을 것이다. 그렇게 한다면 그야말로 어불성설이 아니고 무엇이겠느냐? 나는 너에게 대해서는 너에게 맞는 예의를 다할 것이다. 그렇게 하는 것이 예의에 맞는 일이며, 또 서로에게 언제까지나 좋은 관계를 유지할 수 있는 비법이 될 것이다. 어쨌든 반나절 정도는 예의를 몸에 익히는 노력을 하기 바란다.

다이아몬드도 원석 자체는 별로 쓸모가 없다. 값어치는 있을지 모르지만 갈고 닦아야 비로소 사람들이 몸에 지니게 되는 것이다. 갈고 닦는 최후의 마감 작업이 생략된다면 언제까지나 딱딱한 원석으로 남아 기껏해야 호기심 많은 원석 수집가의 진열장 속에 방치될 뿐이다.

지금의 너는 밀도 있고 견고함 자체라고 나는 믿고 있다. 앞으로도 지금까지 해온 것만큼만 더 노력하여 갈고 닦으면 된다. 그러면 머지않아 멋있게 다듬어진, 아름다운 빛을 발하는 귀중한 다이아몬드가 될 것이다.

6. 선의의 경쟁은 성공의 지름길

사려 깊은 태도로 대하는 방법

사랑하는 아들아! 살아가면서 자신이 싫어하는 사람을 아무런 내색 없이 사려 깊은 태도로 대하는 방법을 알아두는 것도 참으로 중요한 일이다.

실제로 그것을 알면서도 막상 실천에 옮기려 하면 제대로 되지 않는 것이 너와 같은 아이들의 마음이다. 어릴 때는 사소한 일에도 흥분하여 두서없이 행동한다. 사회생활이나 이성과의 교제에 있어서도 마찬가지지만, 특히 자신을 비판하는 말에는 그 즉시 상대방을 싫어하는 경우가 많다.

일단 경쟁자가 나타나면 조심해서 행동하지 못하고 대개는 냉정하거나 무례한 태도를 취하고, 어떻게 해서든지 상대방을 물리치려는 방법만을 궁리한다. 이것은 어리석은 방법이다. 자신이 좋아하는 일이나 이성을 선택할 권리는 상대방에게도 있다. 게다가 경쟁자 앞에서 그런 행동을 보이는 것은 통찰력이 부족하다는 증거다. 그렇다고 해서 자신의 뜻이 이루어지는 것은 아니기 때문이다. 오히려 경쟁자끼리 서로 다투는 사이에 또 다른 제3자가 개입하여 실속을 챙기는 일이 발생할 수 있다.

물론 사태가 그렇게 단순한 것만은 아니라는 사실은 인정한다. 어느 쪽도 그렇게 쉽사리 물러설 수 있는 입장도 아닐뿐더러, 사업이든 이성 교제든 간에 제3자의 개입 또한 쉽지 않은 문제임에는 틀림없다. 그렇지만 결론적으로 말하자면, 원인은 제거할 수 없을지라도 그것이 어떠한 결과를 초래할 것이라는 추측은 가능하다는 것이다.

예를 들어 두 사람의 연적이 우연히 한자리에서 만났다고 하자. 그들은 필경 불쾌한 얼굴로 서로 외면하거나 상대방에 대해 듣기에도 민망한 험담으로 상대방을 깎아내릴 것이다. 그러면 그 자리에 있던 다른 사람들은 그것을 불쾌하게 여길 것이고, 그 싸움의 원인이 된 여성 또한 불쾌하게 여길 것이다.

만약 그렇지 않고 그 둘 중에 어느 쪽이 자신의 본마음은 접어두고 표면적으로라도 자신의 연적에게 친절하고 신사답게 대한다면 어떻게 될까? 그러면 그 여성은 신사답지 못한 사람을 옹졸하게 여길 것이고, 친절한 사람 쪽에 대해 더 많은 호의를 가질 것이다. 한편, 그런 여성에게 외면당한 상대는 자신이 잘나서 그렇게 대접받는 것을 그 여성이 알아주지 못한다고 탓할 것이고, 그 사람의 그런 무지한 태도에 여성의 마음은 영원히 그에게서 떠날 것이다.

이성적인 사람이 경쟁에서 승리한다

사랑하는 아들아! 비즈니스의 경쟁자 또한 마찬가지다. 자신의 감정을 조절하고 겉으로 이성적일 수 있는 사람은 경쟁에서 승리한다.

프랑스인들은 '은근한 태도'라는 말을 자주 쓰는데 이 말은 연적에게 노골적으로 혐오감을 표시하는 속 좁은 사람들을 대할 때는 각별히 신경 써서 친절한 태도로 대하라는 뜻이다. 네게 이 말보다 알기 쉽게 설명하기 위해서 나는 지난 경험담을 들려주겠다. 네가 혹시 이런 경우에 처하게 되면 나의 경험담을 거울삼아 훌륭히 대처해 나가기를 바란다.

내가 오스트리아 계승 전쟁에의 참전을 요청하고, 그 구체적인 교섭을 위해 네덜란드 헤이그에 갔을 때의 이야기다. 그 당시 헤이그에는 유명한 대수도원장도 왔었는데, 그는 프랑스 편에 서서 네덜란드의 참전을 지지하고 있었다. 나는 그가 머리가 뛰어나고 인정도 있으며, 성실한 인물이라는 말에 서로가 숙적이라 친분을 쌓을 수 없는 처지를 몹시 유감스럽게 생각하고 있었다. 그래서 제3자가 마련한 자리에서 그를 처음 만났을 때 나는 진심으로 그에게 말했다.

"나라끼리는 서로 적대시하고 있습니다단, 우리는 그것을 초월하여 서로 가까워질 수 있다고 여깁니다."

그러자 그 대수도원장도 정중하게 답변을 했다.

"저도 같은 생각입니다."

그로부터 이틀 후 나는 암스테르담 회의에 참석했다. 물론 그 회의에는 대수도원장도 참석하는 자리였다. 나는 먼저 대수도원장과 안면이 있다는 것을 각국의 대표들에게 이야기하고 부드러운 미소를 띠면서 말했다.

"저는 저의 오랜 숙적이 이 자리에 계신 것을 대단히 유감스럽게 생각하고 있습니다. 먼저 이런 말씀을 드리는 것은 이분의 능력이 이미 나에게 공포심을 유발시키고 있기 때문입니다. 이것은 공평한 싸움이라고 할 수 없습니다. 이 자리에 계신 여러분들께서는 부디 이분의 힘에 굴하지 말고, 이 나라의 이익만을 염두에 두실 것을 부탁드립니다."

그날 나는 다른 말은 몰라도 마지막 한 가디만은 분명하게 기억하고 있다. 어쨌든 그 자리에 있던 사람들 모두 미소를 지었

던 것은 확실하다. 대수도원장도 나의 찬사가 싫지만은 않았는지 15분쯤 지나자 그 자리를 떠났다. 나는 그것과는 아랑곳하지 않는 태도로, 그보다 더욱 진지하게 사람들을 설득했다.

"제가 이 자리에 선 이유는 단 한 가지, 네덜란드의 국익을 위해서입니다. 저의 친구는 여러분을 현혹시키기 위해 허식이 필요했는지 모르지만 저는 그런 가면을 벗어던지고 진실만을 말씀드리고자 합니다……."

마침내 나는 목적을 달성했다. 또한 지금까지 그 대수도원장과 동등한 입장에서 친분을 쌓고 있다. 제3자가 서로 정중한 태도로 대하면서 서로의 근황 등을 스스럼없이 묻고 있다.

사람을 사랑하되 신중을 기해라

사랑하는 아들아! 경쟁자를 대하는 방법에는 두 가지가 있다. 아주 친절하게 대하거나 아니면 상대를 침몰시키는 것이다. 만일 상대방이 갖가지 권모술수로 너를 경멸하고 모욕한다면 망설이지 말고 그를 때려 눕혀라. 그러나 그것마저도 네게 마음의 상처가 된다면 상대방을 대할 때 아주 친절하게 행동해라. 그것이 바로 상대방에 대한 복수이자, 네 자신을 위한 현명한 처신이 될 것이다.

　이러한 행동은 결코 상대방을 기만하는 일이 아니다. 만약 네가 그 사람을 인정하고 그와 친구가 되고자 한다면—비겁한 태도일지 모르지만— 나는 단연코 네가 그런 사람과 친구가 되지 말 것을 권하고 싶다.

　여럿이 함께 모인 자리에서 스스럼없이 무례하게 행동하는 사람을 정중하게 타이르는 것은 비난받을 만한 일이 아니다. 대체로 그 자리를 원만하게 이끌고, 주위 사람들이 피해를 입지 않도록 네가 노력하고 있는 것으로 여길 것이다.

　우리가 살고 있는 이 사회란 증오, 시기심, 질투, 원한 등이 한데 소용돌이치고 있는 곳이다. 열심히 노력하는 사람들이 많지만, 그들이 이루어 놓은 업적을 빼앗아가는 교활한 사람도 있다. 흥망성쇠 또한 심해서 오늘 흥했는가 하면, 내일 망해버리는 경우도 얼마든지 있다.

　이런 환경 속에서는 예절과 정중한 태도만으로는 살아남기 힘들다. 어제의 친구가 오늘은 적이 되고, 오늘의 적이 내일은 친구가 될지도 모르기 때문이다. 바로 그런 이유로 속으로 미워하면서도 겉으로는 친절하게 대하는 것이 필요하다는 것이다. 사람을 사랑하되 신중을 기하는 것이 좋다.

7. 너를 향한 또 하나의 충고

무엇보다 훌륭한 공부는 실천이다

사랑하는 아들아! 이제 너는 한 사람의 사회인으로서 첫발을 내디뎠다. 나는 언젠가는 네가 대성할 것을 믿어 의심치 않는다. 이 세상에서 무엇보다 훌륭한 공부는 실천이다. 더불어 세심한 배려와 집중력이 필요하다.

끝으로 나는 편지 쓰는 법을 예로 들어 너에 대한 조언을 총정리하려 한다. 편지를 쓰는 법에는 사회인으로서 갖추어야 할 상식이 모두 집약되어 있다고 나는 생각하기 때문이다.

우선 비즈니스상의 편지는 뜻이 명확해야 한다. 세상에서 가장 어리석은 사람이 읽어도 그 뜻을 잘못 받아들이거나 뜻을 몰라서 처음부터 다시 읽는 일이 없을 만큼 명확하게 써야 한다. 그렇게 쓰기 위해서는 문장의 정확성이 필요하며, 거기에다 품격까지 갖추었다면 금상첨화일 것이다.

비즈니스상의 편지를 쓸 때에는 일상적인 편지에서처럼 비유법이나 경구 등을 사용하는 것은 어울리지 않을 뿐더러 때로 불쾌한 느낌까지 준다. 그보다는 명쾌하고 품격 있게 써나가되 상대방에 대한 배려가 구절구절에 빈틈없이 깃들어 있다는 느낌을 주는 것이 바람직하다. 옷차림에 비유하자면, 정장에 가깝지만 지나친 성장이거나 오히려 단정치 못한 것 같은 느낌이 들어서는 안 된다.

또 문장을 다른 사람이 읽었을 때, 자신의 의도와는 전혀 다른 의미로 해석될 염려가 없는지 점검해야 한다. 특히 대명사나 지시대명사에는 주의를 요해야 한다. '이것', '그것', '본인' 등을 함부로 사용해서 상대방의 오해를 살 여지가 있다면 다소 내용이 길어지더라도 분명 'xx 씨', 'oo에 대한 안건'이라고 명시하는 것이 좋다.

비즈니스를 위한 편지라고 해서 상대방에 대한 정중함이나 예의를 무시해서도 안 된다. 오히려 '귀하를 알게 된 것을 무한한 영광으로…….'라든지, '저의 견해를 말씀드리자면…….' 등 다소 경의를 표하는 것이 좋다.

편지지를 접는 법에서부터 편지지를 봉함하는 법, 수신인과 발신인의 주소와 이름을 쓰는 법 등에도 편지를 보내는 사람의 인격이 드러나는 것이며, 그런 사소한 일로도 상대방에게 좋은 인상과 나쁜 인상을 줄 수가 있다. 너는 너무 세세하다고 여길지 모르지만, 사실 그런 것 하나하나에도 신경을 쓰지 않으면 안 된다.

일상적인 편지를 쓸 때에도 문장이나 문체에 너무 치우치면 역효과가 난다. 간결하면서도 고상하고, 유연하면서도 품격 있게 쓰는 것이 좋다. 또 문장의 길이가 너무 길거나 짧아도 안 되며, 뜻이 불확실하지 않을 정도가 바람직하다. 가끔 철자법이 틀리는 경우도 있는데 유의해야 한다. 그것도 남으로부터 비웃음을 사는 원인이 된다.

항상 준비하는 습관을 들여라

사랑하는 아들아! 편지를 쓸 때 글자체 또한 중요하다. 그렇다고 해서 어린아이처럼 글씨 한 자 한 자를 신중하고 긴장해서 쓰라는 말은 아니다. 훌륭한 사회인은 속필로도 예쁜 글씨를 쓸 수 있어야 한다. 그러기 위해서는 예쁜 글씨를 쓰는 버릇을 평소 몸에 익혀두는 것이 좋다. 그래야만 윗사람에게 급히 편지를 쓸 일이 생겼을 경우에도 글씨체 같은 작은 일에 걱정하지 않고 오로지 내용에만 정신을 집중시킬 수 있다.

학창 시절의 공부가 부족한 탓에 큰일이 닥쳤을 때 제대로 일을 처리하지 못해서 사람들로부터 '작은 일에는 대인, 큰일에는 소인배'라는 비웃음과 놀림을 당하는 사람이 있었다. 그는 젊었을 때 큰일에 대비할 능력을 제대로 기르지 못했기 때문이다.

지금 너는 작은 일에만 대비하는 것에도 벅찰 시기와 위치에 있다. 그러므로 지금은 작은 일만이라도 제대로 마무리 짓는 습관을 몸에 익혀두어야 한다. 머지않아 너도 큰일을 맡을 때가 올 것이다. 그때에 가서 작은 일에 신경을 쓰지 않도록 지금부터 탄탄한 준비를 해두어라.